GÜTERSLOHER
VERLAGSHAUS

Wolfgang Schmidbauer

PARTNERSCHAFT und BABYKRISE

Gütersloher Verlagshaus

Bibliografische Information der Deutschen Nationalbibliothek

Die Deutsche Nationalbibliothek verzeichnet diese Publikation
in der Deutschen Nationalbibliografie; detaillierte bibliografische
Daten sind im Internet über http://dnb.d-nb.de abrufbar.

Verlagsgruppe Random House FSC-DEU-0100
Das für dieses Buch verwendete FSC®-zertifizierte Papier
Munken Premium Cream liefert Arctic Paper Munkedals AB, Schweden.

1. Auflage
Copyright © 2012 by Gütersloher Verlagshaus, Gütersloh,
in der Verlagsgruppe Random House GmbH, München

Druck und Einband: CPI – Ebner & Spiegel, Ulm
Printed in Germany
ISBN 978-3-579-06665-3

www.gtvh.de

INHALTSVERZEICHNIS

EINLEITUNG: IM BUND DAS DRITTE

Die Geburt eines Kindes ist in vielen zivilisierten Ländern die häufigste Ursache einer Scheidung in den ersten Ehejahren. Diese Statistik wirkt paradox. Schließlich heiraten Menschen doch in erster Linie, um eine Familie zu gründen, was oft auch heißt: einen Kinderwunsch zu verwirklichen.

Frauen und Männer sind in der Regel überzeugt, ein gemeinsames Kind sei Ausdruck einer Liebesbeziehung und werde diese festigen. In Wahrheit aber kann unter den Partnern der Gegenwart eine belastbare Liebesbeziehung die Beschädigungen durch das Baby gerade noch verkraften, während eine weniger belastbare sich oft nicht mehr davon erholt.

So liegt es nahe, die Erosion der Liebe zwischen den Eltern durch das Kind zu untersuchen. Es stellt sich sogar die Frage, weshalb das angesichts der gravierenden Folgen bisher kaum geschehen ist. Selbst die Fachleute der Psychotherapie ignorieren häufig den Zusammenhang zwischen Depressionen und Elternstress.

Die Liebe zum Kind wird in der Regel noch energischer gegen alle Einwände und Bedenken verteidigt als die erotische Liebe. Das zwingt alle Beteiligten, Schattenseiten zu ignorieren und ein als gefährdet erlebtes »Glück« durch Verleugnungen zu festigen. Diese haben leider den Nebeneffekt, dass die Probleme, derart unter den Teppich gekehrt, anwachsen

7

und unlösbar werden, während eine frühe Wahrnehmung der Krise die Suche nach Abhilfe fördern kann.

In den letzten Jahren hat sich die Scheidungskurve zweigipflig entwickelt. Nach den Frühscheidungen während der ersten Jahre nach der Geburt scheinen sich die Familienverhältnisse wieder zu beruhigen, bis die Kinder selbstständig geworden sind. Dann häufen sich erneut die Scheidungen. Die Analyse solcher Spätscheidungen zeigt, dass auch sie in der Regel durch Beschädigungen der frühen Ehe durch das Kind verursacht worden sind. Diese waren in der Zwischenzeit durch die gemeinsame Zuneigung zum Nachwuchs verschleiert und notdürftig kompensiert. Sie haben aber die Kränkungsverarbeitung zwischen den Partnern so geschwächt, dass diese den Belastungen der Wiederannäherung nicht standhält, welche durch den Auszug der Kinder und die Vision eines gemeinsamen Lebensabends entstehen.

Der 52-jährige Maximilian[1] sucht Hilfe, weil er sich »wie auf einem Pulverfass« fühlt. Er hat sich ein Jahr nach dem Auszug seiner Tochter in eine Kollegin verliebt und ein Verhältnis mit ihr begonnen. Er muss die Beziehung auf deren Wunsch verheimlichen, weil sie verheiratet ist und zwei Kinder im Vorschulalter hat; beide empfinden ihr Verhältnis aber als so intensiv, dass sie sich erotisch völlig von ihren Partnern distanziert haben.

Maximilian beschreibt, dass er nach der Geburt des Kindes immer wieder von seiner Frau abgewiesen wurde. Er fand das so kränkend, dass er sich entschloss, nur noch mit ihr zu schlafen, wenn die Initiative von ihr ausging. Das habe zu einer extremen Verarmung des Sexuallebens geführt. Vermutlich habe seine

Frau geglaubt, er sei jetzt endlich *normal* geworden, nicht mehr so sexbesessen wie zu Beginn ihrer Partnerschaft.

Seit die Tochter einen Freund habe, wolle seine Frau wieder öfter mit ihm schlafen, berichtet Maximilian. Jetzt habe aber er keine Lust mehr und ziehe sich mit Ausreden zurück. Er wolle seiner Geliebten nicht untreu werden, aber er fürchte sich auch vor den Vorwürfen seiner Partnerin. Besonders konfliktfreudig seien weder er noch sie. Er hänge an seiner Frau, es sei eigentlich eine gute Ehe gewesen, sie hätten die Probleme mit der Tochter gemeinsam gelöst, sie habe beruflich etwas zurückgesteckt, sich aber inzwischen wieder eine gute Stelle gesucht.

Solche Berichte sind Alltag in der Praxis der Paaranalyse, aber ich habe mich nie an den herzzerreißenden Schmerz gewöhnen können, der sich bereits in den ersten Sätzen ankündigt. Maximilians Frau steht mitten in einem Scherbenhaufen. Sie weiß noch nichts davon, sie ahnt nicht, wie weit sich ihr Mann schon von ihr entfernt hat, sie hat geglaubt, dass er aus Liebe zu ihr und aus Einsicht in ihren Stress damals seine erotischen Ansprüche taktvoll reduziert hat.

Jetzt, so denkt sie, wird er sich freuen, wenn sie wieder mehr Lust und Zeit aufbringen kann. Sie will ihn ja nicht bedrängen! Indem sie von sich ausgeht, ist es ihr ganz selbstverständlich, dass sich Erotik nur unter günstigen Umständen entwickelt.

Wenn sie dann der Wahrheit ins Gesicht sehen muss, erkennt sie wiederum nicht Maximilians Wahrheit, sondern ihre eigene: Er hat ihre ganze Sorge und Mühe um die Tochter mit einem Wisch ausgelöscht, hat beschlossen, sie auf den Müll zu werfen, weil sie nicht mehr so schlank und knackig ist wie früher, hat sich mit einer Jüngeren zusammengetan. Und er hat es heimlich gemacht, er hat ihr keine Chance gegeben, hat nichts davon angekündigt, hat sie verhungern und verdorren lassen, bis sie zu unattraktiv und mutlos wurde, um sich noch nach einer neuen Beziehung umzusehen.

Haben früher Kinder eine Beziehung gekittet? Sind wir heute verantwortungsloser, geben Beziehungen schneller auf, sind die Menschen egoistischer geworden? Solche Klischees spuken in konservativen Interpretationen, die gerne übersehen, dass sich Ehen auch durch zermürbenden äußeren Druck auf alle Beteiligten erhalten lassen und in der »guten alten Zeit« die Menschen eine sehr viel kürzere Lebenserwartung hatten. Ob eine Frau aus einer unglücklichen Ehe ausbricht oder im Kindbett stirbt, bedeutet für die Betroffenen alles; für die Statistik besagt ein solches Detail nur, dass Ehen seltener geschieden werden.

So wissen wir nicht genau, ob die Kränkbarkeit der Eltern durch das Hinzukommen des Dritten in ihre Partnerschaft wirklich ein neues Phänomen ist oder nicht. Solange Kinder die einzige Alterssicherung für die Eltern waren, hat der ökonomische Gewinn schwerer gewogen. Armut und harte körperliche Arbeit lassen die Moral, wie Brecht sagte[2], an die zweite Stelle rücken. Sie mindern noch mehr die narzisstischen Ansprüche an die Menschen, deren Liebe wir ersehnen.

Unser Erleben ist auf die soziale Umwelt bezogen, die wir für gültig halten. Es kann nicht außer Kraft gesetzt werden, sobald uns andere Umwelten vorgehalten werden, nach dem

Motto: »Zu meiner Zeit hat's das nicht gegeben!« Wir leben und leiden in der Welt, die durch unsere Ansprüche geschaffen ist. Wenn jemand aus der Zelle eines Klosters auf unsere Probleme herabblickt, werden die gequälten Seelen genau überlegen, ob sie dieses Beispiel zu Nachfolge oder Mitleid spornt.

Ein weiteres Klischee will ich hier nur ganz kurz streifen. »Dann lieber keine Kinder« ist *keine* Lösung. *Uneinige Kinderlosigkeit belastet eine Beziehung weit mehr als die Geburt eines Kindes.* Aber diese Quelle einer Kränkung für das Paar ist für die Beteiligten sehr viel eindeutiger und leichter identifizierbar als das von beiden gewünschte und geliebte Kind.

Uneinige Kinderlosigkeit belastet eine Beziehung weit mehr als die Geburt eines Kindes.

In der Tat kann ein Ereignis, welches von dem einen Paar als Krönung ihrer Liebe erlebt wird, die Liebe eines anderen (oder gar desselben Paares) unheilbar beschädigen. Wem das zu kompliziert ist, der sollte dieses Buch wieder aus der Hand legen.

Schwangerschaft und Aggression

Wenn unser Kind dann später mal ein Eis isst
und nicht aufpasst, sodass das Eis herunterfällt,
dann sind wir uns doch einig, dass wir ihm
kein zweites Eis kaufen!?

Ein werdender Vater zur Mutter seines Kindes,
im sechsten Monat schwanger, vor einer Eisdiele.

Du meinst, unser Kind
muss deine ganze Sturheit ertragen?

Die Schwangere

Wer im Naturschutzgebiet einem wilden Schwein oder Bä-
ren begegnet, wer in den schwedischen Wäldern einen Elch
trifft, dem klopft das Herz. Dennoch kann der Wanderer
ziemlich sicher sein, dass ihm nichts geschieht. Solange er
nicht versucht, das wilde Tier zu streicheln, wird ihm dieses
ausweichen. Der Mensch passt nicht in sein Beuteschema.
Eine Ausnahme: Sollte der Wanderer übersehen haben, dass
er ein führendes Muttertier vor sich hat, ist er gar zwischen
es und ihren Nachwuchs geraten, dann wird er angegriffen,
ehe er sich's versieht. Es gibt im Säugetierreich keinen ge-
fährlicheren Ort als den zwischen Mutter und Kind.
Wir Menschen haben uns in einer langen, in den letzten
Jahrtausenden kulturell geprägten Evolution von solchen
instinktiven Aggressionen verabschiedet. Neue Bilder haben
sich eingeprägt: Der Mann steht am Eingang der Höhle und
beschützt Mutter und Kind im Inneren. Hirten und Köni-
ge kommen, um das Wunder der Geburt zu bestaunen. Ein

sozialer Kokon beschützt und wärmt die innige Verbindung von Mutter und Neugeborenem.

Und doch ist die Aggression im Umfeld von Schwangerschaft und Babyphase ein zentrales, fast immer unterschätztes Thema der modernen Paarbeziehungen. Wir könnten damit beginnen, uns Gedanken darüber zu machen, ob die Angriffslust gegen jeden, der den Nachwuchs bedroht, bei *Homo sapiens* noch eine Grundlage in instinktivem Geschehen hat oder von der Kultur geformt wurde.

In der menschlichen Entwicklung gibt es kaum instinktive Einflüsse, die ohne formendes Lernen das Verhalten prägen. Erbanlagen und Umwelt mischen ihre Wirkungen. Die existenzielle Bedeutung der Mutterschaft verschließt zusätzlich den experimentellen Weg, mit dessen Hilfe solche Fragen in Tierversuchen bearbeitet wurden.

Eine verlässliche Quelle mütterlichen Verhaltens in den Erbanlagen ist bei den Primaten unwahrscheinlich. Prägend für unsere Fähigkeiten zur Elternschaft scheinen eigene kindliche Erfahrungen von Bemutterung zu sein. Rhesusaffen, die an Attrappen großgezogen wurden, behandelten ihre Neugeborenen wie ein Stück Holz. Ein Pionier ist hier der Amerikaner Harry F. Harlow. Er hat nicht nur in Mehrgenerationenversuchen an Rhesusaffen gezeigt, wie ausgeprägt die sozialen Störungen früh traumatisierter Primaten sind. Er hat auch dokumentiert, wie sie sich auf die nächste Generation auswirken.

Harlow zog mit Hilfe von Attrappen Rhesusäffchen groß, die äußerlich gediehen. Er konnte nachweisen, dass die Affenkinder kuschelige Stoffattrappen mehr »liebten« als Attrappen aus Draht. Wenn sie geängstigt wurden (indem die Forscher eine bedrohliche Plastikspinne in den Käfig legten), dann suchten die mit Stoffattrappen aufgezogenen Äffchen sofort dort Zuflucht. Hatte man die Stoffattrappe entfernt, rannten sie dorthin, wo sie zuletzt gewesen war, liefen dann schreiend von einer Wand des Käfigs zur anderen, packten endlich ihren eigenen Körper, verharrten in gekrümmter Stellung. Solange sie sich an die Stoffmutter klammern konnten, waren sie »mutiger«.

Aus dem körperlichen Gedeihen und dem relativen »Trost« der Affenbabys durch die Stoffmutter könnte man erschließen, dass Kuscheldecke und Flasche die Mutter ersetzen. Aber bereits Rhesusaffen sind ein Modell für das, was in der Psychoanalyse heute als *Frühstörung* diskutiert und mit Defiziten an interaktiver Stimulation und Spiegelung verknüpft wird.

Die isoliert aufgewachsenen Äffchen blieben kontaktgestört. Sie zogen sich zurück, schaukelten autistisch, rollten sich zusammen und stellten sich tot, zupften an Hautstücken, bis sie bluteten, bissen in ihre Pfoten, rissen sich Haare aus – ein ganzes Repertoire an selbstschädigendem Verhalten, vergleichbar den Selbstverletzungen, dem Nägelkauen und Haareausreißen menschlicher Patienten.

Die Äffchen blieben, wenn man sie mit »normal« aufgewachsenen Artgenossen zusammenbrachte, ängstlich, sie spielten nicht und wehrten sich nicht. Besonders ausgeprägt waren die Störungen des Sexualverhaltens: die isoliert aufgewachsenen Tiere konnten sich nicht paaren. Sie verstanden entsprechende Angebote als Angriff, wurden aggressiv oder flohen. Diese

Störungen waren bei den Affen besonders ausgeprägt, die mit Drahtattrappen großgezogen wurden.

Unter den Bedingungen des Lebens in freier Natur hätten sich die isoliert aufgewachsenen Affen nicht fortgepflanzt. Sie wurden schließlich auch von den geduldigsten Sexualpartnern stehen gelassen. Erst in besonderen Brunftkäfigen gelang es Harlow, doch noch für Nachwuchs zu sorgen. Jetzt wurde ein weiterer Schaden im Verhaltensrepertoire deutlich: Die isoliert aufgewachsenen Affen waren tödliche Mütter. Ihre Erstgeborenen wären sämtlich umgekommen, wenn sie nicht den Müttern weggenommen, künstlich ernährt und erwärmt worden wären. Einem Neugeborenen wurden gleich nach der Geburt sechs Finger abgebissen, ehe die Wärter es retten konnten.

Die Verhaltensbiologen der Harlow-Gruppe waren sehr überrascht, als die »tödlichen« Mütter ein zweites Kind bekamen. Sie verhielten sich jetzt ganz normal; offensichtlich waren ihre mütterlichen Kompetenzen nachgereift. Auch Affen, die zwar mutterlos aufgezogen worden waren, aber Kontakt mit Artgenossen hatten, blieben von den massiven Verhaltensstörungen der isolierten Tiere weitgehend verschont. Sie banden sich nur viel enger an ihre Spielkameraden, als es die unter naturnahen Bedingungen aufgewachsenen Tiere tun.

Im Tierexperiment haben sich auch einige Gesichtspunkte zur Frühstörung erarbeiten lassen, die mit dem Reifen von Bindung und von Angst zusammenhängen. Angst ist biologisch sinnvoll, aber kleine Rhesusaffen »brauchen« noch keine Angst, weil sie immer im Fell der Mutter hängen. Die Angstreaktion reift normalerweise nach den ersten Lebensmonaten. *Vorher* muss der kleine Affe etwas lernen, was er nicht instinktiv kann, sondern unter natürlichen Bedingungen selbstverständlich erwirbt. Er muss sich an seine Artgenossen *binden*, Vertrauen zu ihnen haben. Wenn das nicht geschieht, weil das Affenkind die ersten drei Monate isoliert blieb, dann fürchtet es *Artgenossen wie Feinde.*

Bis zum Alter von drei Monaten vermag das Äffchen noch, diesen Schritt nachzuholen. Wird die Isolation dann beendet, entwickelt es sich nach einer schwierigen Phase voller Angst und Rückzug schließlich normal. Isoliert man es hingegen ganze zwölf Monate, ist die Störung nicht mehr umkehrbar, das Tier bleibt seiner Angst schutzlos ausgeliefert, es kann nicht das aufbauen, was der Analytiker die Angstabwehr nennt: eine innere Struktur, welche die Angst auf jene Situationen beschränkt, in denen sie sinnvoll ist. Hingegen vertragen Affen, welche die ersten drei Monate mit der Mutter lebten, eine spätere Isolierung ohne derart massive Verhaltensstörungen.

Primaten müssen Liebe lernen, Wut und Angst sind angeboren.

Etwas plakativ lässt sich sagen, dass Primaten Liebe und Freundschaft *lernen* müssen, während ihnen Aggression, Wut und Angst angeboren sind. Wissenschaftlicher gesagt: die Evolution arbeitet ökonomisch, sie nutzt beide Möglichkeiten der Informationsübermittlung intensiv, die soziale und die genetische. In der freien Natur braucht jedes neugeborene Rhesusäffchen eine enge Mutterbindung, um zu überleben. Es gibt hier keine früh gestörten erwachsenen Affen, weil alle in dieser Weise traumatisierten Organismen nicht reifen konnten.

Erik H. Erikson spricht beim Menschen von *Urvertrauen*

und *Urmisstrauen*. Er betont, dass blindes Vertrauen ebenso problematisch sei wie blindes Misstrauen; optimal für die soziale Entwicklung ist es, wenn das Kind lernt, vertrauenswürdigen Menschen zu vertrauen, aber sich gegen Übergriffe zu wehren und sich nicht (wie es Heimkinder oft tun) jedem Fremden auf den Schoß zu setzen.[3]

Der moralphilosophische Begriff des Vertrauens lässt sich also als angstlindernde Bindung; der des Misstrauens als ängstigende bzw. ungenügend Angst »stillende« Störung dieser Bindung verstehen. Durch seine Experimente[4] veränderte Harlow die normale Umwelt des überlebenden Äffchens, sodass sich die angeborenen Komponenten des Sozialverhaltens von den erworbenen trennen ließen. Die isolierten Affen konnten sich fürchten und sie konnten aggressiv sein, aber sie konnten nicht »lieben«, d.h. sie konnten keine Bindungen aufbauen.

Ein von Angst gelenktes, dahinter aber aggressives Verhalten lässt jenen Typus entstehen, den wir in der Alltagspsychologie den Radfahrer nennen: er buckelt nach oben und tritt nach unten. Während normal aufgewachsene, ranghohe Rhesusaffen »ritterlich« in dem Sinn sind, dass sie in der Gruppe für Schwächere Partei ergreifen und Unterlegene vor den Aggressionen der Stärkeren schützen, verhalten sich die geschädigten Tiere anders. Sie fürchten sich vor Überlegenen und meiden sie, während sie gegenüber Schwächeren sehr grausam sein können.[5]

So hat die Hypothese viel für sich, dass wir Elternschaft durch *Identifizierung* erlernen. Allerdings identifizieren wir uns nicht nur mit den realen Eltern, sondern mit deren und mit unseren eigenen Idealvorstellungen. Jedes verlassene, vernachlässigte, gequälte Kind kann sich sagen: *So nicht! Wenn ich einmal Kinder habe, will ich sie anders behandeln!* Diese Phantasie tröstet Kinder, sobald sie in der Frühblüte ihrer Kreativität kurz nach dem Spracherwerb, also im Alter zwischen zwei und fünf Jahren, ihr eigenes Gerechtigkeitsempfinden mit dem der Eltern messen und auch beobachten, wie andere Eltern mit anderen Kindern umgehen.

An den Harlow-Versuchen fällt auf, dass die isoliert aufgezogenen Affenmütter aggressiv zu ihren Babys waren. Keines aus der ersten Generation hätte ohne das Einschreiten der Tierpfleger überlebt. Diese Szene lässt sich nicht auf Menschen übertragen, aber sie gibt doch zu denken. Wer Mütter beobachtet und ihre spontanen Einfälle sammelt, findet viele Hinweise auf diese Aggressionen und kann die komplexen Motive der Bindung zwischen Mutter und Neugeborenem erahnen.

Auch menschliche Mütter brauchen günstige Bedingungen, um die Aggressionen gegen ein Neugeborenes zu entschärfen, das in ihr bisheriges Leben derart massiv eingreift. Unter ungünstigen Umständen, etwa bei einer Drogenabhängigkeit oder einer massiv von ihrem Partner enttäuschten Frau, können sich diese Aggressionen Bahn brechen. Die Bindung zwischen Mutter und Kind muss sich entwickeln können; sie ist nicht naturgegeben.

Die an Drahtgestellen aufgezogenen Rhesusaffen hatten keine eigenen Erfahrungen mit mütterlicher Nähe und zärtlichem Austausch verinnerlicht. Daher war für sie das eigene Neugeborene ein fremdes, lästiges Ding, das sie wegwarfen oder dem sie die Finger abbissen, wenn es sich instinktiv in ihr Fell klammerte. Es bedarf vieler grausamer Störungen in der normalen Entwicklung eines Affenbabys, um diese nackte Aggression bloßzulegen und ihre normalerweise wirksamen Gegenkräfte zu blockieren. Dennoch gibt es diese Aggression. Sie wurzelt in dem Bestreben, die eigene Sphäre gegen das Eindringen unerwünschter Kräfte zu verteidigen, notfalls mit Gewalt.

Der Austausch zwischen Mutter und Kind ist in der emotionalen Entwicklung ebenso wichtig wie die Anwesenheit der Mutter (oder einer anderen, stabilen Bezugsperson), um das Kind in jenen Angst- und Wutsituationen zu stabilisieren, die es alleine nicht bewältigen kann.

Wo das nicht stattfindet, wo Mutter und Kind in keinen vorwiegend freudvoll-spielerischen Austausch finden, kann das Kind später seine primitiven Affekte nicht angemessen steuern. Das hat David Levy bereits 1937 herausgefunden. Der amerikanische Psychiater, der die »überbeschützende« *american mom* entdeckt hat, wollte seine Beobachtungen vertiefen, indem er die Kinder solcher überbeschützenden Mütter mit anderen verglich, die überhaupt keine stabile Mutterbeziehung erlebt hatten. Bald interessierte ihn diese Kontrollgruppe mehr als die ursprüngliche Zielgruppe. Es zeigte sich, dass diese keine tragenden Freundschaften aufbauen konnten, impulsiv agierten und oft durch dissoziales Verhalten auffielen.[5]

Wie zeitlos diese Probleme sind und wie wenig die seit 1937 bekannten Zusammenhänge zwischen früher Vernachlässigung eines Kindes und späterer Dissozialität in vorbeugende

Maßnahmen umgesetzt werden konnten, zeigt eine Skizze über jugendliche Gewalttäter, die alle wegen Körperverletzung und anderen Delikten einsaßen. In jeder Biografie finden sich katastrophale Austauschdefizite in der frühen Kindheit: Die Mutter hat das Kind ausgenutzt, verlassen, es wurde vom Vater geprügelt.

Ein 23-Jähriger, der lange auf der Straße lebte und mehrmals im Knast saß, beschreibt die durch keine frühen Austausch- und Bindungserfahrungen gemilderten Affekte:

>»Wenn ich merke, da tuscheln welche, denke ich sofort: Die tuscheln über mich. Da reicht manchmal schon ein dummer Blick … Dann fängt es im Bauch an zu brodeln. Mir wird warm, ich fange an zu schwitzen. Da ist so eine Wut! Im Nachhinein denke ich: Scheiße, was habe ich gemacht? Ich frage mich, warum mich Kleinigkeiten zu so einer Explosion bringen. Ich will, dass das weggeht. Ich mag das nicht an mir.«[7] Ein anderer: »Wenn einer versucht, mich blickzuficken – so nennen wir das. Da macht man Augenkontakt, einer versucht, böse zu gucken, und du sagst: Hey, was guckst du? Warum willst du mich blickficken? Und wumm, geht's los!«[8]

Solche Äußerungen zeigen, wie stark Erwachsene ein Defizit an kindlichen Austausch- und Bindungserfahrungen in narzisstische Themen übersetzen. Es geht um Entwertungsphantasien – »Blickficken«, Tuscheln, Auslachen, dahinter um den Schmerz der eigenen Bindungs- und Bedeutungslosigkeit.

Während alle Beziehungen des Erwachsenen potenziell auflösbar sind, belebt das Kind alte Ängste vor Abhängigkeit. Es kann das Selbstgefühl der Eltern steigern. Wenn es das nicht tut, wehe ihm! Es weckt dann Aggressionen, die gegenüber anderen Erwachsenen kontrolliert werden können. Das gilt vor allem dann, wenn das Kind den »großen Wurf« zu gefährden scheint, sich einer anderen Seele ganz sicher zu sein. Die Auseinandersetzung mit der Frage, wie ein Kind die Sphären der Eltern stört oder bereichert, beginnt mit der Schwangerschaft. Wenn diese ersehnt war, überwiegt zunächst der narzisstische Triumph. Ich verwirkliche etwas, sagt sich die Mutter oder sagen sich beide Eltern, was nur ich kann, wir können. Das Ergebnis ist eine Form der Selbstverwirklichung, die mit keinem anderen Mittel so schnell und einfach zu gewinnen ist. Diese Hochgefühle führen dann dazu, dass während der Schwangerschaft das Selbstgefühl eine bisher nicht erlebte Festigkeit und Stärke gewinnt.

Viele Schwangerschaften sind nicht ersehnt, sondern eher bedingt erwünscht. Irgendwann will ich Kinder, hat sich die werdende Mutter gesagt. Ich lasse es darauf ankommen, ich werde älter, später wird es schwieriger, es muss nicht gleich sein, es wäre vielleicht sogar gut, noch ein wenig zu warten und zu sehen, ob ich nicht vorher das eine oder andere machen kann, wovon mich die Mutterschaft abhalten wird.

Letztendlich gibt es Schwangerschaften, die weder ersehnt sind noch bedingt erwünscht, sondern überhaupt nicht passen und doch ausgetragen werden, weil eine Abtreibung als noch belastender eingeschätzt wird und/oder Dritte ein Kind wollen, auf das die Mutter gerne verzichten würde.

In solchen Fällen ist das kommende Kind nicht die Komplettierung eines sich unvollständig erlebenden Selbst, sondern eine Invasion, ein Eindringling, der die Mutter ihrer bisherigen Bewegungsfreiheit und Unabhängigkeit beraubt. Ob im ersten Fall dieses Motiv ganz fehlt, ist aufgrund der mütterlichen Einstellungen nicht mit Sicherheit zu sagen; es hängt davon ab, wie genau das ersehnte Kind die mütterlichen Erwartungen erfüllt, wenn es erst in den Windeln liegt.

Ein großer Anteil junger Eltern reagiert in den ersten Jahren nach der Geburt ihres Kindes depressiv. Das ergab eine Studie von Forschern um Shreya Davé vom Medical Research Council in London, für die sie die Daten von knapp 87.000 britischen Familien auswerteten. Dabei waren im ersten Lebensjahr des Kindes die Depressionsraten am höchsten: Hier erkrankten knapp 14 Prozent der Mütter und 3,7 Prozent der Väter. Depressionen waren umso wahrscheinlicher, je jünger die Eltern waren. Die Forscher führen diesen Zusammenhang darauf zurück, dass jüngere Eltern weniger fest im Leben stehen und einen niedrigeren sozioökonomischen Status haben. Dies führe leichter zu seelischen Erkrankungen, wenn ein Kind Stress und Schlafmangel auslöse. Insgesamt durchleiden zwischen der Geburt eines Kindes und seinem zwölften Lebensjahr jede dritte Mutter und jeder vierte Vater eine Depression.[9]

Es gibt kein Wesen, das einen so starken Eindruck der Unschuld wecken und gleichzeitig Geduld und Ausdauer auf eine so harte Probe stellen kann wie ein Baby. Daher scheint es auch fast unmöglich, sich realistisch auf ein Erstgeborenes einzustellen. Selbst bei den folgenden Kindern müssen immer wieder Illusionen abgearbeitet werden, etwa

> Es gibt kein Wesen, das Geduld und Ausdauer auf eine so harte Probe stellen kann wie ein Baby.

die, dass ein zweites Kind positiv darauf reagiert, ihm die vermeintlichen Fehler zu ersparen, die in der Pflege des Erstgeborenen gemacht wurden. Manche Eltern glauben, dass zwei Kinder auch nicht viel mehr Arbeit machen als eines. Ist der Nachwuchs angekommen, verdoppelt sich (subjektiv) die Arbeit, Rivalitäten und Ansprüche müssen geregelt werden, auf die sich die Eltern in guter Hoffnung nicht vorbereiten konnten.

Die *gute Hoffnung* ist mehr als eine Redeweise. Ihre tautologische Qualität – eine Hoffnung, die nicht gut ist, sollten wir doch wohl eher Befürchtung nennen! – spricht dafür, dass die Lügenschleier über den Schmerzen und Ängsten, welche das Fortpflanzungsgeschäft mit sich bringt, auch in jenen Zeiten dicht gewebt sein mussten, als die Redewendung entstand.

In traditionellen Kulturen, in denen Männer- und Frauenrollen Aufträge von Sippe und Familie abarbeiten, vollendete sich das erwachsene Leben in möglichst vielen Kindern. Heute tritt das Kind in Konkurrenz zur beruflichen Selbstverwirklichung. Je stärker sich deren Einfluss auf das Selbstgefühl ausprägt, desto mehr Aggressionen müssen neutralisiert werden, wenn ein Kind die Selbstverwirklichung gefährdet oder diese nicht in der erwünschten Weise vorantreibt.

Kurz nach der Geburt der zweiten Tochter kommt die 36-jährige Krankenschwester mit Panikattacken und Depressionen in Therapie. Ihr Ehemann ist dahintergekommen, dass sie mit einem früheren Arbeitskollegen flirtet. Er hat ihre E-Mails gelesen und heftige Szenen gemacht. Sie reagierte mit einer Panikattacke, deren Intensität wiederum ihn bekümmert und ihm Sorgen macht. Die Therapie ist ein Kompromiss, sie ermöglicht eine Denkpause. Bisher hatte der Mann hingenommen, dass bereits nach der ersten Geburt die vorher von ihm als sehr befriedigend erlebte Erotik fast ganz verschwunden war. Da die Ehefrau als Einzelkind aufgewachsen war, versprach sie sich eine Lösung ihrer gedrückten Stimmung, ihres Libidoverlustes und ihrer Befürchtungen, ohne die Anregungen aus ihrem Beruf zu verkümmern, in einer zweiten Schwangerschaft.

Schon während der zweiten Schwangerschaft war alles noch schlimmer geworden. Sie konnte den Geruch ihres Mannes kaum mehr ertragen, ohne zu erbrechen. Sie ärgerte sich, wenn er müde nach Hause kam, dass er nicht glücklicher war – hatte er doch die beruflichen Anregungen, die ihr so fehlten! – und ärgerte sich noch mehr, als er einen Bildschirm-Arbeitstag pro Woche durchgesetzt hatte und sie von der Kinderarbeit zu entlasten suchte: Er verwöhne die Große, die habe ihn bereits lieber als sie, er bringe ihr von jeder Dienstreise ein Geschenk mit, obwohl sie ihm doch erklärt habe, das sei nicht gut für das Kind.

Viele Paare mit Kindern müssen damit ringen, dass in ihrer Beziehung erotische Defizite dominieren.

Viele Paare müssen nach einem oder zwei Kindern damit ringen, dass in ihrer Beziehung erotische Defizite, wechselseitige Entwertungen, Ängste und Vorwürfe dominieren. Meist wird diese Problematik projektiv verarbeitet. Die eigenen Spannungen werden nicht als Problem erlebt, das von eigenen Enttäuschungen geschaffen ist, sondern so, als gingen sie vom Partner aus. Dieser hat sich verändert, ist desinteressiert, gereizt, selbstbezogen, unfreundlich. Wenn sich in vielen Paaren nach der Geburt eines Kindes die erotische Bindung löst, hängt das mit solchen projektiv abgewehrten Aggressionen zusammen.

Diese stammen aus folgenden Quellen:

1. Einer archaischen affektiven Reaktion auf das Baby als *Eindringling in den persönlichen Raum*, der Bedürfnisse nach *Individualdistanz* verletzt.

2. Einer narzisstischen Reaktion. Das Baby kränkt das Selbstgefühl der Eltern auf unterschiedliche Weise:

2.1. Es entzieht ihrer Beziehung symbiotische Anteile.

2.2. Es behindert die Selbstverwirklichung im Beruf.

2.3. Es enttäuscht Erwartungen, das eigene Kind sei »besser« als gleichaltrige Rivalen – schöner, schneller im Spracherwerb, gesünder usw.

2.4. Das Kind enttäuscht Erwartungen, die auf einer Projektion eigener Idealbilder beruhen – es soll z.B. ein Klaviervirtuose, ein Sportstar werden.

Aggression und Besorgnis

Diese Konflikte kündigen sich schon während der Schwangerschaft an. Der Paaranalytiker beobachtet, wie unter dem Erwartungsdruck für die neuen Aufgaben bisher kompensierte Differenzen die Beziehung belasten. Manchmal reicht bereits der Gedanke an die möglichen Folgen einer Schwangerschaft und die mit dieser verknüpften Veränderungen, um ein Paar in heftige Konflikte zu verstricken. Das gilt vor allem dann, wenn ein Partner Ängste mithilfe zwanghafter Mechanismen abwehrt und sein Gegenüber diese Zwänge nicht entschärfen kann.

In einer individualisierten Gesellschaft lernen sich Frauen und Männer am Arbeitsplatz oder in der Freizeit kennen. Die Eltern spielen dabei kaum eine Rolle. Familientraditionen und traumatische Erfahrungen der Kindheit, gegen die sich Reaktionsbildungen entwickelt haben (»Ich will auf gar keinen Fall so werden wie meine Mutter«, »Ich will nie eine Ehe führen, wie die meiner Eltern war!«) werden von verliebten Paaren selten thematisiert. Oft vergehen Jahre, ehe die Tochter ihren Freund ins Elternhaus mitbringt oder der Sohn seine Lebensgefährtin. Unverträglichkeiten werden durch Ausdünnen des Kontakts und das Festhalten an der aus dem Beruf ohnehin vertrauten, höflichen Fassade ausgeglichen.

Die Schwangerschaft verändert die Beziehungswelt mindestens so sehr wie den Bauchumfang. Der Blick auf den werdenden Elternteil wird schärfer und gnadenloser als der auf den Sexualpartner. Kleine Unreifen beleben womöglich sogar die erotische Leidenschaft. Dem Vater oder der Mutter des Stammhalters hingegen werden sie nicht mehr verziehen. Die eigenen Erfahrungen mit den Eltern, die Identifizierung mit der Mutter oder dem Vater, die Beobachtungen am Austausch zwischen den Eltern und die daraus gewonnenen Identifizierungen (die mindestens so wichtig sind wie die von Freud beschriebene »ödipale« Dynamik) gewinnen Relevanz.

Bisher haben der seinem kleinbürgerlichen Elternhaus schon lange entfremdete Unternehmensberater Michael S. und seine Lebensgefährtin Ayzet U., eine Musikerin, Tochter liberaler türkischer Migranten, in Deutschland aufgewachsen, ihre leidenschaftliche Beziehung genossen und die Fremdheit des Gegenübers nur aufregend und interessant gefunden. Sie teilen viele Interessen und können sich eine gemeinsame Zukunft gut vorstellen. Durch ein Missgeschick wird sie schwanger. Beide wollten irgendwann Kinder, also warum nicht jetzt?
Sie zieht zu ihm. Bald wird die anfangs geplante Heirat abgesagt. Michael will ein echtes Commitment, wie er sagt. Ayzet zweifelt an seiner Zuneigung. Sie dachte, er sei genau so weit von seiner katholischen Konfession entfernt wie sie und ihre akademisch gebildeten, osmanischen Eltern aus einer großbürgerlichen Familie in Istanbul von ihren muslimischen Traditionen. Aber jetzt besteht Michael darauf, dass das Kind getauft wird. Er möchte sogar den Namen bestimmen, einen katholischen Namen, schließlich soll das Kind hier aufwachsen. Als er ihren Schock bemerkt, entschuldigt er sich und meint, er sei nicht so stur, wie sie denke. Er beklagt, dass sie derart nachtragend ist und ihm immer wieder vorhält, dass er sie missionieren habe wollen. Nichts liege ihm ferner, er denke nur an das Kind!

Der liebevolle Blick, den Erwachsene tauschen, nimmt den ganzen Menschen wahr, in seinen Stärken und Schwächen. Die Schwangerschaft lässt diesen Blick kritisch und genau werden:

Taugt dieser Mensch für die neue Rolle? Da diese Rolle durch Phantasien extremer Abhängigkeit geprägt ist, verliert der Blick seine Toleranz für Schwankungen, für Ungenauigkeiten, seine Zuversicht, dass Probleme, die nicht sogleich gelöst oder – besser noch – von Anfang an vermieden werden können, sich schon irgendwann beheben lassen werden.

In katholischer Tradition ist die Taufe ein Schutz für das Neugeborene; sie bietet die Sicherheit, dass es in das Paradies kommt und nicht, wie die ungetauften Kinder, in die Vorhölle. Michael hat viele Jahre nicht mehr an solche Lehren aus dem Katechismus der Grundschule gedacht, aber jetzt leuchten sie ihm plötzlich ein. Damit ist doch nichts endgültig entschieden, wenn das Kind später eigene Entscheidungen treffen möchte, hat er nichts dagegen. Er versteht nicht, weshalb Ayzet, die Bier trinkt und Schweinebraten isst, plötzlich etwas gegen eine solche Förmlichkeit, ein ehrwürdiges Ritual der Kultur hat, mit der sie sich verbindet. Hat sie nicht neulich das Orgelkonzert im Dom gelobt?

Ayzet hingegen findet Michaels Vorschlag grotesk. Er ängstigt sie mehr, als sie es gedacht hätte. Hat sich nicht Michael immer wieder kritisch von seinen bigotten Eltern distanziert und achselzuckend die Missbrauchsskandale in der katholischen Kirche als typisch für diesen Duckmäuser-Verein kommentiert? Und jetzt dieser Vorschlag, diese Bemächtigung, der sicher noch viele andere folgen werden, wenn sie nicht sofort und energisch einen Riegel vorschiebt. Sie kündigt den schon vereinbarten Termin für die Hochzeit. Erst will sie was Schriftliches, ein Vetorecht, was solche Entscheidungen angeht.

Schon an den Lagerfeuern der Jäger und in den Spinnstuben der Bauern haben sich Männer und Frauen am liebsten Geschichten von großen Gefahren erzählt. Das hat seinen guten Sinn – etwas wird doch hängen bleiben und die Zuhörer für den Ernstfall wappnen.

Der Schritt aus der traditionellen Ehe, die von zwei Sippen arrangiert wird, zur individualisierten Liebe hat die Angstbereitschaft wie in einem Hohlspiegel konzentriert. In der Großfamilie gibt es viele Begleiter, welche jeden Übergang aus dem Vertrauten ins Ungewisse umgeben: den Schritt von der Kindheit zur Jugend, vom Single-Dasein zur Partnerschaft, von der Kinderlosigkeit zur Familie. Heute richtet sich der Brennpunkt dieses Hohlspiegels fast ausschließlich auf den Partner. Er wird kritisch geprüft, an ihm schmerzt jedes kleine Zeichen von Gefahren, denen sich das verunsicherte Ich ausgesetzt fühlt.

Wird er mich in meinen pädagogischen Bemühungen unterstützen oder unser Kind verziehen, sodass es missrät? Wird unser Kind mein Asthma, seine Neigung zu Hautausschlägen, seinen cholerischen Charakter erben? Kann ein Vater, der nicht alle Ansprüche der künftigen Mutter erfüllt, das Umfeld gestalten, in dem das Kind aufwächst?

Clara und Richard kennen sich seit zehn Jahren und haben vor acht geheiratet. Sie kommen in bedrückter Stimmung in das Vorgespräch für eine Paartherapie. Clara ist Verwaltungsangestellte und wünscht sich ein Kind; Richard ist Amateurflieger und arbeitet als Ingenieur in einem Konzern, in dem auch Flugzeuge gebaut werden. Vor acht Jahren hat er sich dort für einen der sehr begehrten Ausbildungsplätze als Testpilot beworben, kam auf einen aussichtsreichen Platz, hat die Hürde dann aber doch nicht nehmen können. Clara bedauerte ihn damals, war aber insgeheim froh, dass Richard auf dem Boden bleiben musste. Er hat sich dann bemüht, sich damit zufriedenzugeben, dass er die Flugzeuge, an denen er baute, niemals ausprobieren würde.

Nun wurde die Altersgrenze abgeschafft, die bisher für Testpiloten-Bewerber galt. Jetzt will Richard einen neuen Versuch starten. Clara ist dagegen: Sie will einen präsenten Vater, keinen Flieger, der monatelang auf irgendwelchen Flughäfen in Colorado oder Südfrankreich sein Leben riskiert.

Richard kämpft nicht offen gegen Claras Einwände. Er wiegelt ab: es sei ja ganz unsicher, ob er sich in dem Wettbewerb durchsetzen könne, und er wisse ja selbst nicht, ob er die Ausbildung wirklich machen wolle, er könne nur seinen Traum nicht einfach aufgeben. Niemand wisse, wo er eingesetzt werde, er begreife nicht, wie Clara angesichts so vieler Ungewissheiten zielsicher die schlimmsten Varianten auswähle und ihn behandle, als habe er ihr all das schon angetan. Dabei sei sie noch gar nicht schwanger!

»Kein Wunder bei dieser Aufregung«, klagt Clara.

Wenn Clara Richard für den Mann hält, der für seinen Größenwahn nicht nur den eigenen Kopf riskiert, sondern auch sie und die künftige Familie gefährdet, wird es derselbe Richard schwer haben, sie zu beruhigen und ihr brüchiges Bild seiner Zuneigung zu kitten. Wenn umgekehrt Richard in Clara eine Partnerin sieht, die ihm schon lange, ehe ihr die geringste Konsequenz droht, seinen Traum kaputtredet, ist er auch nicht mehr in der Lage, sie zu beruhigen.

Wer sich fürchtet, dem wird angesichts schneidender Argumente jede Gefahr zur Hydra. Vernünftige Einrede gegen ihre Angst kränkt den Narzissmus der Ängstlichen. Sie schämen sich doch bereits der von ihnen erlebten Schwäche. Zusätzliche Beschämung können sie nicht ertragen, sie wollen sich von niemandem sagen lassen, sie hätten ihr Problem nicht verstanden oder würden die Schwierigkeiten überschätzen. So finden sie gegen jedes Argument zwei neue Argumente, welche ihre Angst bekräftigen und unterstreichen.

Am Ende fürchten sich die Partner voreinander, in dem Beispiel Clara, weil Richard ihre Ängste nicht versteht, Richard, weil sie seine Liebe und Fürsorge entwertet und ihn als kalten Egoisten hinstellt, als ob ein Testpilot niemals ein zärtlicher Vater sein könnte.

Gefahren der Symbiose

Mit dem Ende des physischen Wachstums und dem Ausreifen der Großhirnrinde erreicht *Homo sapiens* die Autonomie eines von seinem Verstand gelenkten Individuums. Neugierig und weltoffen, voller körperlicher und geistiger Reserven, reisebereit, kinderlos, aus elterlichem Anspruch entlassen, scheinen junge Erwachsene ihren frisch gewonnenen Grad von Individualisierung und Selbstständigkeit wenig zu schätzen.

Sie trachten danach, sich möglichst bald zu verlieben. Und

schon kriechen die schlummernden Ungeheuer von Abhängigkeit, Eifersucht, Angst und Wut aus dem Bodenschlamm,
in dem sie bisher schliefen, überflüssig angesichts des heroi-
schen Selbstgefühls der Adoleszenz.

Angst und Wut des kleinen Kindes sind von traumatischer
Intensität. Aber im Kindesalter be-
wacht der Stolz die Abhängigkeits-
wünsche noch längst nicht so radikal wie bei Erwachsenen. Es ist viel
schmerzlicher, einen sicher geglaub-
ten Besitz von Autonomie zu verlieren, als von Anfang an
immer wieder gezwungen zu sein, jene schmähliche Abhängigkeit von den Eltern zu erkennen, die ein Kind nun einmal
nicht einfach austauschen kann und in der sich materielle
und emotionale Bedürfnisse verfilzt haben.

> Angst und Wut des kleinen Kindes sind von traumatischer Intensität.

Es gibt für die Eltern erwachsener Kinder eine Situation, mit
deren quälender Intensität sie nicht gerechnet haben: den
Liebeskummer der erwachsenen Tochter oder des Sohns.
Es erscheint einem wie eine Ungerechtigkeit, ein Passus, der
im Vertrag, für ein Kind zu sorgen, nicht gestanden hat und
jetzt doch nicht abgewiesen werden kann.

Über weite Strecken der Kindheit sind es wir Eltern selbst,
welche unseren Kindern Kummer machen, ihnen etwas vor-
enthalten, sie einschränken. Wenn wir also früher einen solchen Kummer bemerkt haben, konnten wir mit den Kindern
verhandeln und meist schnell eine Lösung finden. *Wir* waren
gemeint, und wir waren mächtig. Angesichts des aktuellen
Kummers über einen kränkenden Partner unseres erwachsenen Kindes sind wir weder gemeint noch mächtig. Das ist

ein Abstieg, eine Beleidigung für unser Selbstgefühl, die zu dem Gefühl der Ungehörigkeit des Problems beiträgt.

Wenn wir uns verlieben, ist dieser Prozess in der Regel auch eine erotische Erfahrung. Die körperliche Nähe in der Erotik ist aufs Engste verwandt mit der körperlichen Nähe zwischen den Eltern und dem Baby. Körperflüssigkeiten werden ausgetauscht, Ekelschranken überwunden, wie von selbst bauen sich archaische Erwartungen wieder auf. Es kann, es darf nicht wahr sein, dass ein Liebesobjekt, mit dem ich diese tiefen Emotionen neu belebt habe, mich enttäuscht, mich verrät, plötzlich seinen Kurs ändert, sich an jemand anderen bindet.

Die Natur hat, um die überlebensnotwendige Bindung zwischen Kind und Eltern zu stärken, eine hochbrisante Reaktion auf die Enttäuschung von Erwartungen an die Verlässlichkeit unserer Mitmenschen geschaffen. Wenn wir den schöpferischen Impuls der Evolution in Sprache setzen, lautet er etwa so: Wir müssen unser Selbstgefühl mit allen Mitteln schützen und Zeichen setzen, die andere davon abhalten, uns zu verletzen. Das soziale Problem liegt in der Selbstbezogenheit der narzisstischen Wut.

Wenn ein Baby schreit, kommt die Mutter und stillt es. Wenn sie nicht kommt, steigert sich das Schreien und wirkt auf den Beobachter »wütend«. Kommt die Mutter zu spät, kann es sein, dass das Baby in die Brust beißt oder die Brust verweigert. Es »rächt« sich für die Versagung.

Rache ist die extremste Kommunikation. Der Sinn der Aktion des Babys ist, der Mutter zu verdeutlichen, dass sie sich nicht verspäten darf. Ihr das möglichst eindrucksvoll zu vermitteln, ist dem Nervensystem des Babys »wichtiger« als die Befriedigung von Durst und Hunger.

Wenn die Mutter das versteht, wird die Entwicklung gut weitergehen; wenn sie aber mit Gegenkränkungen reagiert, absichtlich zu spät kommt oder die Brust verweigert, weil das Baby gebissen hat, entstehen Teufelskreise. »Die Brust ist böse, sie gibt mir nichts, ich muss sie mit den Zähnen festhalten« ist die eine Position; »Das Kind ist böse, es beißt, ich gebe ihm die Brust nicht mehr« die Gegenposition.

Es scheint einfach, die Verstrickung zu lösen: Das Baby beißt nicht mehr, die Mutter kommt rechtzeitig. *Aber wer fängt an?* Den Teufelskreis zu verlassen bedeutet auch, auf eine vertraute Absicherung zu verzichten und das bekannte Übel gegen ein unbekanntes Risiko zu tauschen. In der Behandlung zerstrittener Paare gibt es ähnliche Probleme. »Ich würde nüchtern nach Hause kommen und freundlich mit dir reden, wenn du öfter mit mir schläfst«, sagt der Mann. »Ich würde öfter mit dir schlafen, wenn du nüchtern nach Hause kommst und freundlich mit mir redest«, sagt die Frau. Hier kennen sogar *beide* einen Ausweg. Aber jeder will sich die Erniedrigung ersparen, die im Eingeständnis der eigenen Abhängigkeit liegt.

Unsere schnellen Affekte, Angst und Wut, machen Durchbruchsszenarien attraktiv und entwerten Nachgiebigkeit. Eine individualisierte Paarbeziehung verlangt mehr Flexibilität, als viele Menschen leisten können. Die Unnachgiebigkeit, welche in belasteten Beziehungen eine so große Rolle spielt, wurzelt im Alles-oder-nichts der archaischen Kampf-Flucht-Mechanismen.

Der Mensch kann seine Ur-Affekte nicht loswerden, er kann bestenfalls lernen, sie durch Gegenkräfte zu steuern. Kollektive Steuerungen sind sehr viel sicherer als individuelle. In modernen Paaren werden die Kränkungen der symbiotischen Erwartung durch keine gemeinsame Tradition abgepuffert. Die Partner müssen ihre eigene Familientradition aus zwei oft sehr unterschiedlichen Ursprungsfamilien basteln. Sie müssen auch lernen, sich in ihrer Kränkungsverarbeitung zu unterstützen und nicht zu unterminieren. Das ist für ein Liebespaar schwer genug. Mit einem gemeinsamen Kind wird die Situation vollends unübersichtlich.

1. DIE DAUERMÜDIGKEIT JUNGER ELTERN

Der 42-jährige Florian ist Jurist und Vater von zwei Töchtern im Kindergartenalter. Er arbeitet in der Rechtsabteilung einer großen Privatbank. Seine Frau Betsy ist ein Jahr jünger. Sie hat ebenfalls Jura studiert, aber wegen der Kinder ihre Stelle gekündigt. Sie macht jetzt eine Ausbildung zur Heilpraktikerin. Sie engagiert sich sehr für Homöopathie, seit sie durch eine Behandlung mit Hochpotenzen von einem hartnäckigen Hautausschlag befreit wurde.

»Wir sind mit unserer Ehe am Ende«, sagt Betsy. »Florian war ein aufgeweckter Kerl, ein richtiges Energiebündel, als wir uns kennenlernten. Und jetzt kommt er nach Hause und nölt, dass die Kinder so laut sind, er hat den ganzen Tag malocht, so viel Stress im Büro, er braucht seine Ruhe. Anfangs habe ich mich gefreut, wenn er nach Hause kam, ich dachte, er macht dann was mit den Kindern und ich kann mal in ein Buch schauen oder auf einen Kurs gehen. Aber dazu ist er viel zu müde.

Also bringe ich die Kinder ins Bett, und – komisch, als ob er mich angesteckt hätte – ich bin dann auch todmüde, schlafe meist in einem der Kinderzimmer fast ein, schaffe es grade noch, mir die Zähne zu putzen und bin weg. Sexuell passiert gar nichts mehr, Florian sitzt dann vielleicht noch ein oder zwei Stunden vor dem Computer, obwohl er am nächsten Tag früh aufstehen muss.

Florian hat regungslos Betsys Schilderung angehört. Die Initiative zur Therapie ging von Betsy aus, er findet seine Ehe nicht am Ende, sondern ganz normal, ebenso seine Müdigkeit nach einem langen Arbeitstag im Büro. Schließlich geht keiner von ihnen fremd, sie lieben die Kinder, da gäbe es schlechtere Ehen.

Im Einzelgespräch schildert Florian seinen Arbeitstag. Er blüht auf, sobald er bemerkt, wie sich der Therapeut für das interessiert, was er macht. Es ist eine Art Unternehmensberatung für große Darlehenskunden. Florian kann hier zwar seine juristische Ausbildung gut brauchen, aber er muss auch ständig dazulernen. Er hat ein kleines Team, junge, dynamische Leute, sie sitzen zusammen, schmieden Pläne, gestalten Präsentationen. Es wird in dem Einzelgespräch deutlich, dass Florian nach neun Stunden Arbeit keineswegs erschöpft ist. Er nimmt gut gelaunt noch mit dem einen oder anderen Kollegen einen Drink, ehe er in die S-Bahn steigt und in den Vorort fährt, wo er seiner Familie ein schönes Haus gekauft hat, zehn Minuten zu Fuß vom Bahnhof.

Und wann wird er müde? Schlagartig, sagt Florian, schlagartig, sobald der Zug in den Bahnhof einfährt und er nach Hause geht, wo Betsy und die Kinder auf ihn warten.

Er ruft mit dem Handy durch, damit sie wissen, wann er kommt. Und dann ist es, als ob aus einer unsichtbaren Quelle Blei in ihn fließt und er mit jedem Schritt müder wird. Erst jetzt merkt er, wie anstrengend die Arbeit war und wie kaputt er sich fühlt, leer, ausgebrannt. Wenn dann alle im Bett sind und es ruhig wird im Haus, dann fehlt ihm etwas und er surft im Internet, auf den Schweinderlseiten. Natürlich sind das blöde Filmchen und er versteht auch nicht, warum ihn Betsy so gar nicht mehr anmacht.

Ehen zerbrechen an solchen Müdigkeiten. Sie sind der unauffällige Anfang von Auflösungserscheinungen, deren Tragweite erst erkannt wird, wenn beispielsweise einer der Partner eine neue Beziehung beginnt. Florians Verwandlung aber ist das Ergebnis einer Elternbeschädigung durch Babygeschrei.

Solange Betsy ebenso wie er beruflich engagiert war, gab es nach Feierabend einen allmählichen, gemeinsamen Übergang aus der professionellen Anspannung in die Freizeit. Jeder fühlte sich darin von seinem Partner unterstützt und verstanden.

Es herrschte eine Symmetrie der Erwartungen; es war möglich, über die Kollegen oder den Chef zu lästern und sich dann gegenseitig in den kleinen Kränkungen zu trösten, die unvermeidlich sind im Job. Florian fühlte sich von Betsy anerkannt; Betsy von Florian. »Dein Chef kann froh sein, dass er dich hat, er wird sich schon wieder einkriegen!« »An dir liegt es sicher nicht, wenn dich die Kollegin schneidet; ignoriere sie, sie wird sich schon wieder besinnen, du kommst doch mit allen Menschen gut aus, bei deinem Charme!«

Entscheidender noch ist in diesen harmonischen Zeiten einer Liebesbeziehung das Nichtgesagte – bewundernde Blicke, Zärtlichkeiten, Erotik.

Dann wird ein Kind geboren. Beide haben es sich gewünscht, sehen darin ein Zeichen, wie gut sie sich verstehen und wie viel Halt sie aneinander haben. Und doch verändert das Baby alles. Florian und Betsy haben sich, seit das erste Baby in ihren Haushalt kam, schmerzhaft frustriert. Ihre Müdigkeit gegeneinander drückt aus, wie sie dem Baby seine Rolle neiden, wie sie selbst den gestillten Säugling spielen, um den Kummer über den Liebesverlust vonseiten des Partners zu verdrängen. Florian vermisst Betsys Anerkennung für seine beruflichen Leistungen; Betsy Florians Bewunderung, wie gut sie den Verzicht auf den Beruf und den Stress der Kinderarbeit bewältigt.

Müdigkeit breitet einen Schleier über drohende Auseinandersetzungen. Sie ist Aufschub pur – heute nicht, ich bin zu müde. So wissen weder Florian noch Betsy, wie viel Neid und Wut in ihnen steckt.

Müdigkeit breitet einen Schleier über drohende Auseinandersetzungen.

Betsy findet, Florian konsumiere eiskalt ihre Bereitschaft, auf ihren Beruf zu verzichten. Er hat nichts dagegen, wenn sie mit den Kindern versauert. Sie waren sich einig, dass ihnen beiden gehört, was er verdient, jetzt aber nörgelt er, dass ihr Homöopathie-Spleen immer mehr Geld koste als er jemals eintragen werde. Auch Florian fühlt sich ausgenützt. Betsy gibt *sein* Geld für *ihre* Heilpraktiker-Spielchen aus und sagt nicht einmal danke.

Aber Florian und Betsy waren doch so entschlossen, eine gute Ehe zu führen! Solche Gefühle passen nicht in ihre Selbstbilder – daher der plötzliche Einbruch von Müdigkeit, wenn Wut und Neid anders nicht mehr verleugnet werden können.

Ein Baby weckt schlummernde Ungeheuer, die in unberechenbarer Weise gegen die erotische Faszination zwischen Mann und Frau wirken. Das kleine Geschöpf hat, was Einfluss auf

Ein Baby weckt schlummernde Ungeheuer, die gegen die erotische Faszination zwischen Mann und Frau wirken.

das menschliche Unbewusste angeht, die Macht des Magnetberges. Wir kennen ihn aus dem Märchen: Wenn eine Barke zu dicht an ihn heransegelt, reißt seine Kraft die Nägel aus den Planken; das Schiff löst sich auf und geht unter.

Ganz ähnlich zieht das Baby die unsichtbaren, symbiotischen Bindungen der Eltern an sich. Was diese sich bisher an unausgesprochenen Bedürfnissen nach Bewunderung und unverdienter Liebe schenkten, was ihre Beziehung zusammenhielt und gegen alle Stürme festigte – das Baby braucht alles für sich und mehr. Was Wunder, wenn überforderte Mütter einige Monate nach der Geburt ihren Männern zu sagen beginnen, sie bräuchten einen *richtigen Vater als Partner* und *ganz bestimmt kein zweites Kind.*

Betsy und Florian stehen für die Mehrheit deutscher Paare. Für die Zeitschrift *Eltern* wurden in einer Forsa-Studie 1000 Personen mit mindestens einem Kind unter sechs Jahren befragt. 72 Prozent der Mütter und 55 Prozent der Vater fühlten sich in der Regel zu müde, um an Sex mit ihrem Partner zu denken. Nur einem Viertel der Befragten gelang es, regelmäßig Zeit und Kraft für die Erotik in der Paarbeziehung abzuzweigen.

Schon in der Schwangerschaft haben werdende Eltern deutlich weniger Sexualverkehr als kinderlose Paare. Hatten vor dem Hinzukommen des Dritten 80 Prozent der Paare mindestens einmal pro Woche intimen Kontakt, blieb nach der Geburt nur ein knappes Drittel bei diesem Rhythmus.[10]

Wenn es dem Paar gelingt, seine erotische Beziehung angesichts der Stresssituation von Schwangerschaft und Geburt zu festigen, ist eine Bindungsgrundlage erarbeitet, die den

Stürmen der Pubertät standhalten kann. In der Familie gibt es zwei deutlich unterschiedene Beziehungsfelder: das erotische zwischen Mutter und Vater, das fürsorglich-pädagogische zwischen Eltern und Kindern. Die Grenze zwischen diesen Feldern festigt die Autonomie aller Seiten.

Liebesillusionen im Alltag

Wenn die erotische Bindung der Partner durch das Kind beschädigt wird, spricht das dafür, dass einer oder beide in ihrer erotischen Autonomie gehemmt sind: Erotik ist in diesen Fällen wenig alltagstauglich und mehr oder weniger ausgeprägt auf Idealisierungen angewiesen. Die Partner sind unsicher in ihren Wünschen. Sie brauchen vom Gegenüber Bestätigung und sehnen sich nach totaler Harmonie.

So kann die Erotik nicht die Bindung stärken und nach einem Streit zum versöhnlichen Ritual werden. Die Partner müssen erst mit anderen Werkzeugen ihre Beziehung flicken, ehe die gemeinsame Sexualität wieder funktionieren darf. Der Partner dient auch als Elternersatz. Sexuelle Wünsche dürfen nur dann geäußert werden, wenn der Partner Sicherheit spendet und das Selbstgefühl festigt.

Ein Signal dafür ist es, wenn sexuelle Wünsche als unpassend gelten, sobald der Partner gerade keine Lust hat. Die in der Beziehung produzierte erotische Faszination wird entwertet, sobald sie die Harmonie gefährdet. Wer gehemmt mit seinen sexuellen Wünschen umgeht, dominiert das Werterleben. Am Ende kann ein Paar nicht fassen, wie es geschah, dass von der einstigen Leidenschaft so wenig übrig geblieben ist. Wenn Deutschland eine der geringsten Fortpflanzungsraten in Europa hat (1,34 Geburten pro Frau – verglichen mit 1,98 in Frankreich), scheint mir der symbiotische Sog ein wichtiger Faktor. Angesichts der Traumatisierungen und der Wertkrisen durch den Untergang des Nationalsozialismus (der eine Geburtenrate von vier Kindern pro Frau propagierte) festigt das Streben nach einer gemeinsamen Angstabwehr die Angst der Paare vor dem störenden Dritten.

In vielen anderen Fällen wird die Bindung an das erste Kind so eng, dass kein zweites mehr denkbar ist. Immer noch spukt die Phantasie in den Elternköpfen, dass ein Baby Schaden leidet, wenn es von anderen Personen betreut wird als von der leiblichen Mutter. Die schlechte Versorgung deutscher Eltern mit Kinderkrippen ist ebenso eine Folge solcher Mythen, wie sie diese zementiert.

In einer bäuerlich bestimmten Vergangenheit rechtfertigte die Ankunft des Hoferben die Ehe. In den individualisierten Beziehungen der Moderne ist das anders. Eine vorher von unausgesprochenen Wünschen und hoher Rücksichtnahme auf die Kränkbarkeit des Partners ermöglichte Partnerschaft zerbricht, weil die Partner angesichts der Kränkungen innerhalb der Liebesbeziehung scheitern. Sie konnten einander nur in der Verarbeitung der beruflichen Kränkungen unterstützen. Wenn das gut gelungen ist, fällt es den Paaren besonders schwer, zu begreifen, weshalb sie sich angesichts der von dem Baby geschaffenen Kränkungen nicht mehr unterstützen können.

Was die Firma oder der Kunde verlangen, kommt von außen, von im Prinzip austauschbaren Personen. Wir erwarten im Arbeitsleben nicht liebevolle Rücksichtnahme, sondern den Versuch, Leistung für Geld von uns zu bekommen. Man verhandelt. Ehe der künftige Chef riskiert, einen guten Mitarbeiter zu verlieren, zahlt er eben etwas mehr, als er ursprünglich zahlen wollte. Jeder darf egoistisch sein, darf eigene Interessen durchsetzen; Aggressionen sind erlaubt, müssen aber diplomatisch vorgebracht werden, um den Verhandlungsspielraum nicht zu verkleinern.

Liebesbeziehungen formulieren einen scharfen, bei genauer Analyse illusionären Kontrast zur Geschäftswelt. In jeder Vorabendserie, in jedem Melodram erkennen wir die wahren Liebenden an ihrer Uneigennützigkeit und Opferbereitschaft. Da zu Beginn einer Beziehung die Bedürfnisse ausgeprägt sind, dem Partner zu beweisen, dass ich »gut« bin, siedeln verliebte Paare in einer narzisstischen Blase, in der sie sich wechselseitig maximal bestätigen. Die Forderungen an den jeweils anderen stellen niemals dessen Opferbereitschaft auf eine harte Probe, weil es so wichtig ist, ihm seine Belastbarkeiten von den Augen abzulesen.

Wenn die Liebende bemerkt, dass ihr Geliebter öfter Lust auf Sex hat als sie, wird sie ihn nicht unmäßig halten, sondern entdecken, dass sie selbst eigentlich auch schon immer mehr Lust hatte, als sie es für möglich gehalten hätte. Wenn der Mann bisher im Urlaub am liebsten an einem Gebirgsbach zeltete, wird er entdecken, dass ein Luxushotel viel bequemer ist, sobald er bemerkt, dass seine Liebste in einem weichen Bett schlafen will und sich ohne ein Badezimmer unwohl fühlt.

Wo er etwas leistet, will der moderne Mensch einen Lohn; wo er etwas für den Partner tut, will er Anerkennung vom Partner, in der Regel nach dem schlichten Modell, dass er »gut ist«, was heißt: ein »guter Liebender«. Das kann existenzielle Wahrheit sein so gut wie leere Phrase. Es ist trivial, dass Menschen Anerkennung wollen, »Streicheleinheiten«, wie es heute etwas zynisch heißt, als ließe sich ein Streichelzähler zwischen die Partner schalten.

Solange beide Partner berufstätig sind, hat jeder eine unabhängige Quelle der sozialen Bewährung. Deren Bedeutung für die Stabilisierung der Beziehung können wir kaum überschätzen. Wenn sie dann abends, am Wochenende, im Urlaub ihre freie Zeit teilen und einander liebevoll versorgen, ist es leicht, Symmetrie zu wahren und ein Grundgefühl gerechter Verteilung zu sichern.

Wenn beide Partner berufstätig sind, hat jeder eine unabhängige Quelle der sozialen Bewährung.

Sobald aber Dritte versorgt werden müssen, wird das erheblich schwieriger. Das beginnt schon angesichts der Aufgabe, Verwandte oder Freunde in die Beziehung zu integrieren. Wie gut oder wie schlecht das gelingt, kündigt an, wie ein Paar symbiotische Kränkungen verarbeiten kann.

Der Zwillingsmythos

Das Konzept der romantischen Liebe, das die individualisierten Beziehungen prägt, war ursprünglich künstlerisch gemeint, ein Mythos, um die höfische Sitte zu lehren. Die von den Minnesängern konstruierte Beziehung zwischen dem Ritter und der angebeteten Dame, der er seine Taten zu Füßen legt, hatte erzieherische Aufgaben.

Sie diente dazu, die gegenüber Frauen gewaltbereiten Männer auf einen Konflikt vorzubereiten, der am Hof des Feudalherrn auf sie wartete. Die Männer mussten dort damit rechnen, Frauen zu begegnen, die einen höheren Rang hatten als sie. Die Königin war »nur« eine Frau und stand doch über allen Männern außer ihrem Gemahl.

Die Troubadoure haben durch ihre Verse über die romantische Liebe die Männer am Hof in ähnlicher Weise gegenüber der Frau des Herrschers neutralisiert, wie es im weniger zimperlichen Orient durch die Kastration der für den Haremsdienst vorgesehenen Diener geschah. Die romantische Liebe schützte vor primitivem Begehren, vor sexueller Gewalt. Daher schien dieses Modell der bürgerlichen Gesellschaft geeignet, um die Bindung zwischen emanzipierten Individuen zu definieren.

Eine Ehe zwischen Individuen ist eine historische Neuerung ohnegleichen. Es ist nur logisch, dass solche einsam und frei getroffenen Entscheidungen über existenzielle Fragen mit einem hohen Maß an Unsicherheit verbunden sind. Die symbiotische Phantasie, im Gegenüber ein Spiegelbild zu finden und dadurch die Ängste vor der radikalen Einsamkeit des vereinzelten Menschen zu bannen, lässt sich aus der Phantasie vom Geistes- oder Seelenzwilling rekonstruieren, die sich bei Analysanden beobachten lässt. Ich erinnere mich noch gut an eine Frau, die als zentrale Phantasie ihrer Jugend beschrieb: *Ich habe eine Zwillingsschwester und wir heiraten Zwillinge.*

Braut und Bräutigam sollten in der traditionellen Kultur nicht persönlich, sondern aufgrund der Familieninteressen zusammenpassen. Alter, Aussehen, Charakter, Interessen werden für unbedeutend erklärt, wenn politisches Interesse die Verbindung gebietet. In den individualisierten Beziehungen hingegen fragen sich die Partner, ob sie zusammenpassen, die Richtigen füreinander sind. Partnerwahl unabhängig von den Eltern ist selbstverständlich. Wer nicht notfalls sogar *gegen* deren angedeuteten Willen meiner Schwiegereltern die Liebe zu mir über alles andere stellt, ist kein Partner, dem ich vertrauen kann.

Im Zwillingsmythos soll der Partner jene Funktionen ausfüllen, welche in der traditionell arrangierten Ehe die Eltern bzw. der Sippenrat verkörpern. Wie eine gute Mutter, ein haltgebender Vater müssen die Partner bezeugen, dass die Entscheidung richtig ist, dass gar keine andere möglich war, dass dieses jetzt geschaffene Paar in der Lage sein wird, alle Widrigkeiten gemeinsam zu bewältigen. Die Symbiose soll nicht nur Unsicherheiten in Bezug zur Außenwelt ausgleichen, sondern vor allem auch Unsicherheiten im Selbstgefühl.

Auch für das Verständnis der Unsicherheit im sexuellen Selbstgefühl ist das Modell des Ödipuskomplexes nützlich. Freud begann, sich mit der Situation des kleinen Kindes zwischen den Eltern zu beschäftigen. Das sei kein von erotischer Erregung, Eifersucht und Wut weit entfernter Engel, sondern ein ebenso bedürftiges wie verletzbares Wesen, einerseits auf Schutz durch einen vertrauten Erwachsenen angewiesen, andererseits voller Begierde, es den Erwachsenen gleichzutun und Rivalen um die Gunst eines Liebesobjekts zu vernichten.

Wenn das Kind sich in der Bewältigung dieser frühen Affekte mit dem gleichgeschlechtlichen Elternteil identifizieren kann, hat es eine feste Basis in seinem sexuellen Selbstgefühl, etwas wie einen stabilen Kern. Diese Struktur fehlt in den Fällen, in denen das Mädchen die Mutter ablehnte und den Vater unbewusst zum Vorbild nahm. Das Gleiche gilt für Knaben, welche beispielsweise die Ablehnung des Vaters durch eine enttäuschte Ehefrau übernahmen und eher die Mutter als Vorbild verinnerlicht hatten.

Solche inneren Widersprüche, die in familiären Störungen der Identifizierungsangebote wurzeln, führen zu einer Unsicherheit über das eigene Mann- bzw. Frausein. Ein gesteigertes Bedürfnis nach Sicherheit und Bestätigung von außen kann diese Unsicherheit ausgleichen.

Die betreffenden Personen sind symbiotisch bedürftig, ziehen sich oft gegenseitig an und können sich, solange kein Kind dazwischenkommt, auch gut stabilisieren. Denn es gelingt ihnen, sich wechselseitig in Bedürfnisse einzufühlen, sich nicht nur weiblich oder männlich zu *verhalten*, sondern auch *intensiv bewiesen und bestätigt zu bekommen*, dass sie ihre Geschlechtsrollen besonders gut ausfüllen.

Verlust der Symbiose

Solange diese Bestätigung fließt, erlebt sich das Paar als etwas Besonderes, innig, fest verbunden, anderen, weniger harmonischen Paaren überlegen. Erst in Krisen wird deutlich, dass von Kränkungen nie die Rede sein durfte, weil sie nicht verarbeitet werden können.

Ingeborg ist das einzige Kind der Beziehung zwischen einem von seiner Familie wohlversorgten Erben und einer ehrgeizigen Sekretärin, die den Juniorchef sehr zum Missfallen von dessen Eltern durch eine Schwangerschaft »erobert« hat. Seit sie denken kann, hat Ingeborg ihren Vater liebevoll und warmherzig gefunden, ihre Mutter streng, neidisch, kalt und böse. Vielleicht hat Ingeborgs Mutter ihrer Tochter nie verziehen, dass diese so mühelos in den Genuss einer Liebe kam, die sie sich erkämpfen musste.

Ingeborg heiratet Karl, den sie während ihres Studiums kennenlernt. Karl ist der Sohn eines Alkoholikers, der seine Fassade als Studienrat mühsam genug bis zur Frühpensionierung aufrechterhalten konnte, von der Mutter wegen seines Alkoholismus in der Familie entwertet, nach außen hin aber energisch beschützt. Karl ist sehr liebevoll, sanft, er verehrt Ingeborg und behauptet, sie habe ihn von der Depression geheilt, die ihn vor der Bekanntschaft mit ihr in seiner akademischen Laufbahn blockierte.

Seit er Ingeborg kennt, geht es ihm viel besser. Sie unterstützt ihn, stärkt ihm den Rücken, gibt ihm das Gefühl, seinen Mann zu stehen und nicht angesichts der kleinsten Unzufriedenheit seiner Kollegen oder seines Chefs einzuknicken. Ähnlich blüht auch Ingeborg auf, die bisher darunter gelitten hat, dass die von ihr geliebten Männer sie zwar als Gesprächspartnerin schätzten, aber andere Frauen begehrten und sie nur als gute Freundin in ihren Beziehungskonflikten zurate zogen.

Die Symbiose von Ingeborg und Karl wirkt auf Außenstehende wie eine besonders glückliche und erfolgreiche Beziehung. Die beiden streiten sich nie, sie lesen sich Wünsche von den Augen ab, erzählen sich alles, Ingeborg ist beruflich ebenso erfolgreich wie Karl; Karl ist – anders als die Männer in der Umgebung – ein guter Koch, der nachher auch die Küche perfekt sauber macht und ohne Diskussionen die Hälfte der Hausarbeit erledigt.

Anfangs waren sich Karl und Ingeborg auch einig, dass Kinder nicht so wichtig für ihre Liebe seien, sie könnten gut darauf verzichten, wollten jetzt erst noch die Zweisamkeit genießen. Als dann aber ein befreundetes Paar nach dem anderen Nachwuchs bekommt und Ingeborg einen Karriererückschlag erlitten hat, weil sie sich nicht von Karl trennen und eine Führungsposition im Ausland antreten wollte, wünscht sich auch Ingeborg ein Kind. Sie will dann für ein paar Jahre aufhören zu arbeiten. Karl ist inzwischen so erfolgreich, dass sein Gehalt gut für drei reicht, außerdem hat sie einen Anteil am Firmenerbe, der sie finanziell unabhängig macht, wenn sie ihn verkauft.

Das erste Kind hatte Ingeborg noch nach dem Motto »einmal ist keinmal« als vorübergehende Unterbrechung ihrer Lebenspläne angesehen. Sie wünschte sich ein zweites, denn sie hatte immer darunter gelitten, dass sie keine Geschwister hatte. Karl, der unter Ingeborgs sexuellem Rückzug und ihren Vorwürfen gelitten hatte (er entlaste sie zu wenig, sie brauche einen Vater für den Alltag, keinen Luxus- und Vorzeigepapi, der sonntags ein Menü kocht und mit der Tochter schwimmen geht), freut sich über ihr neues sexuelles Interesse. Er will nichts ändern, sie soll sich ändern, sie soll durch das zweite Kind endlich eine zufriedene Hausfrau werden. Dass Ingeborg beruflich wieder einsteigt, kann sich Karl nicht vorstellen. Sie hat in der IT-Branche gearbeitet. Da ist ein Jahr so viel wie fünf Jahre in einer anderen Branche. Sie müsste sich ganz neu orientieren. Ingeborg ist sich unsicher, ob sie das schafft. Karl verstärkt ihre Unsicherheit. Beide reden sich zu, zwei Kinder würden sich miteinander beschäftigen und Ingeborg könnte dann in die frühere Harmonie mit Karl zurückfinden.

Aber dann glaubt Ingeborg zu entdecken, dass zwei Kinder viermal so viel Arbeit machen wie eines, weil es ständig Streit zu schlichten gibt und jedes das andere mit allen Viren versorgt, die sich nur auftreiben lassen. Karl kommt spät nach Hause, behauptet, ganz kaputt zu sein, muss unbedingt einen aufwendigen Kurs an jedem zweiten Wochenende machen und überlässt Ingeborg die ganze Organisation des Hausbaus in einem Vorort. Die idealisierte Liebesbeziehung ist jetzt eine Fata Morgana, lang vergangen oder in ferner Zukunft, während sich im Alltagsweg Stein- und Sandwüste ablösen. Wenn erst beide Kinder im Kindergarten sind! Wenn erst das Haus fertig ist! Wenn wir erst wieder einmal richtig in Urlaub fahren können! Ingeborg arbeitet im Elternbeirat eines anthroposophischen Kindergartens und will mit anderen Eltern eine eigene Schule gründen. Karl findet das alles viel zu esoterisch, ist aber so wenig zu Hause, dass er sich lieber nicht einmischt. Sexuell finden sich beide kaum mehr. Unausgesprochen ist Ingeborg überzeugt, dass Karl »sowieso immer zu müde ist«, während Karl glaubt, dass Ingeborg seit der zweiten Schwangerschaft jedes Interesse an Sex verloren hat.

Beide wollen keine Kinder mehr. Ingeborg hat die Pille abgesetzt. Karl findet Kondome peinlich; er geht davon aus, dass Ingeborg das ebenso sieht und ihr Absetzen der Pille eindeutig sagt, dass sie nichts mehr von ihm wissen will.

Durch die verunsichernde Identifizierung mit dem »falschen« Elternteil sind Ingeborg und Karl darauf angewiesen, vom Gegenüber ausdrücklich als Frau bzw. Mann bestätigt zu werden, um die unbewussten Ängste auszugleichen, nicht »richtig« zu sein. Seit Karl Ingeborg nicht mehr als ganz besonders weibliche Frau anerkennt und sie ihn nicht mehr als besonders liebevollen Mann feiert, fehlen beiden Energie und Entschlusskraft, erotisch aktiv zu werden. Sie warten auf das Begehren des jeweils anderen, fühlen sich davon abhängig, sind enttäuscht, dass sie es nicht erhalten und deshalb auch selbst nichts tun können.

Der Verlust der symbiotischen Prothese lässt die Partner ratlos zurück. Zu Beginn wird fast nur die unbarmherzige Zumutung wahrgenommen, dass eine für unentbehrlich gehaltene szenische Bestätigung einfach ausbleibt. Angesichts der eigenen destruktiven Wut und der Impulse, sich sofort zu trennen und den Partner radikal zu entwerten, signalisiert die Müdigkeit eine gut entwickelte Abwehr, die es zunächst

Der Verlust der symbiotischen Prothese lässt die Partner ratlos zurück.

einmal auf Zeitgewinn abgesehen hat und das Selbstgefühl der Eheleute schont, so gut es eben geht.

Offene Konflikte belasten mehr, enthalten aber auch mehr Chancen für eine Veränderung. Es gibt Fälle, in denen der enttäuschende Partner derart unerträgliche Ängste vor der eigenen Wut auslöst, dass sich die Betroffenen um fast jeden Preis sofort von ihm trennen wollen. Wenn eine junge Mutter lieber von der Sozialhilfe lebt als mit dem Vater ihres Kindes über einen Beitrag zur Versorgung des Babys zu verhandeln, haben die Dämonen der Symbiose wieder Beute gemacht.

Die Unsichtbarkeit symbiotischer Verbindungen ist einer der Gründe, warum die Theorie einer genetischen Ursache von Depressionen so beliebt ist. In einer individualisierten Kultur ist die fortbestehende, kindliche Abhängigkeit Erwachsener tabuisiert. Gleichzeitig ist die prothetische Versorgung dieser Abhängigen ein Motor der Wirtschaft.

Es profitiert die pharmazeutische Industrie durch die Produktion von beruhigenden und antidepressiven Mitteln. Die Güterproduktion reagiert auf die Individualisierung und beschwört den symbiotischen Appeal der Waren. Sie verspricht, nicht Kosmetika, Autos oder Mobiltelefone zu verkaufen, sondern Lebensgefühle und Beziehungssurrogate.

Um die Belastungen einer modernen, individualisierten Ehe durch den Kinderfall zu verstehen, müssen wir den Symbiosekomplex genauer untersuchen.

2. DER SYMBIOSEKOMPLEX

Das Wort Symbiose kommt aus der Biologie. Es bezeichnet das Zusammenleben von Organismen unterschiedlicher Arten, das für einen oder beide Partner nützlich ist. Amerikanische Autoren verwenden »Symbiose« für alle Formen des Zusammenlebens bis hin zum Parasitismus. Im Gegensatz dazu bezeichnet »Symbiose« in Europa ausschließlich das Zusammenleben zweier Arten zum wechselseitigen Nutzen. Bäume und Sträucher müssen durch Insekten bestäubt werden, die sie mit Nektar »entlohnen«. Meerestiere leben mit Photosynthese betreibenden Zooxanthellen zusammen. Magen- und Darmbakterien ermöglichen Wiederkäuern den Aufschluss zellulosereicher Pflanzennahrung.

Biologen unterscheiden die Symbioseformen nach dem Grad der wechselseitigen Abhängigkeit:

1. Beide Arten ziehen zwar einen Vorteil aus dem Zusammenleben, sind aber ohne einander gleichwohl lebensfähig (Protokooperation).
2. Eine Art genießt einen Vorteil, ohne dass die andere einen erkennbaren Nachteil hat (Kommensalismus). Geier fressen die Reste eines Beutetiers, sobald der Löwe satt ist.
3. Die Partner sind alleine nicht mehr lebensfähig (Eusymbiose). So kultivieren Blattschneiderameisen in ihrem Bau Pilze, von denen sie sich ernähren, die Pilze wiederum können sich ohne die Ameisen nicht mehr vermehren.

In der Psychologie ist mit Symbiose sowohl die innige Abhängigkeit von Mutter und Kind gemeint wie die enge psychologische Verbindung zwischen Menschen, die ohne einander nicht sein können

Symbiosepartner sind einander Selbstobjekte. Solange sie zusammen sind, festigen sie einander ihr Selbst, die innere Struktur, welche das Selbstgefühl (den Narzissmus) trägt. Sie können im Extremfall einander vollständig in allen sozialen und erotischen Bedürfnissen versorgen. Je weniger Trennung eine Symbiose verträgt, desto stärker erschwert sie andere Beziehungen und vergrößert dadurch die Abhängigkeit der Partner voneinander.

Als sich John Lennon und Yoko Ono derart verliebten, dass sie selbst (so wurde berichtet) gemeinsam auf die Toilette gingen, waren die Tage der Beatles gezählt.

Yoko Ono arbeitete als Künstlerin allein; John Lennon mit drei engen Freunden. Es gelang weder, Yoko Ono in die Band einzubetten, noch die Gruppe in der bisherigen Intensität zu erhalten. Daher ist für manche Yoko Ono die Totengräberin der Beatles, was ein wenig an den mittelalterlichen Glauben erinnert, dass es Hexen gibt, welche einen Mann durch ihre Zauberkunst vom rechten Weg abbringen.

Das Sehnen nach der verlorenen Hälfte

>*Von so langem her ist also die Liebe zueinander*
den Menschen angeboren, um die ursprüngliche Natur
wiederherzustellen, und versucht aus zweien eines
zu machen und die menschliche Natur zu heilen.«

Platon, Symposion, 191.d

Zu den schönsten und gefährlichsten Zuständen im menschlichen Leben gehört die Verliebtheit. Die Beteiligten verschlingen einander mit den Augen und fühlen sich, als hätten sie sich schon in früheren Leben gekannt:»Ach, du warst in abgelebten Zeiten – meine Schwester oder meine Frau«, dichtete Goethe. Der Panzer schmilzt, den wir gegen die Pfeile des Schicksals angelegt haben, die Hornhaut wird weich, die uns im Umgang mit Eltern, Geschwistern, Kolleginnen und Kollegen gewachsen ist. Wo zwei eines werden, ist Rivalität vergessen; in geheimnisvoll-durchsichtiger Blase, wie auf den Gemälden von Hieronymus Bosch, reift das Paar.

Da die Beteiligten glauben, einander ganz zu verstehen und buchstäblich zu verschmelzen, tun sie sich schwer mit jeder Wirklichkeit, welche den Zauberkreis verletzt, in den sie sich eingeschlossen haben. Gleichzeitig aber ist die Triebkraft ihrer Verbindung kreativ, ja explosiv. Das verliebte Paar kann beschließen, gemeinsame Realitäten außerhalb des Kreises zu schaffen: eine Wohnung zu kaufen, ein Geschäft zu eröffnen, eine Familie zu gründen. Oder aber es fällt unter eine Schwangerschaft wie unter die Räuber – etwas Drittes wächst plötzlich in dem magischen Kreis, sprengt ihn, lenkt den gefesselten Blick vom Gegenüber ab auf dieses Neue, das Kind.

Wenn ich Paare in jenen posttraumatischen Zuständen antreffe, die nach dem Zusammenbruch einer Verliebtheit aufzutreten pflegen, suche ich immer wieder nach Metaphern und nach Erinnerungen, um ihnen zu verdeutlichen, warum jetzt etwas so schrecklich geworden ist, was sich früher einmal köstlich anfühlte.

Oft ist es traurig zu sehen, wie wenig sich diese Menschen überhaupt *daran erinnern* können, dass sie sich früher nahe waren. Besonders krass ist der Fall einer Lehrerin aus Kalabrien, die überzeugt war, die Mutter ihres Ehemanns hätte ihr damals einen magischen Trank, einen *filtro*, gegeben – anders sei es schlicht unerklärlich, weshalb sie sich mit diesem Kretin verbunden habe, bei dem sie nur der gemeinsamen Kinder wegen bleibe.

Ehe der Arzt Blut eines Spenders in den bedrohten Kreislauf eines Kranken überträgt, macht er eine Probe, ob sich die beiden Flüssigkeiten vertragen. Es sind nur sehr wenige Faktoren, welche hier einen allergischen Schock auslösen können, verglichen mit der reichen Vielfalt menschlicher Werte. Aber der Arzt weiß sehr genau, wie gefährlich es ist, solche Unterschiede zu missachten, während die Verliebten gänzlich unbekümmert davon ausgehen, dass sich ihre Wertvorstellungen nicht nur vertragen werden, nein: auch aufs Beste ergänzen und bereichern. Sie sind überzeugt, dass jeder von ihnen durch die Verbindung genau dort gestärkt werden wird, wo er sich bisher schwach und unvollkommen fühlte.

Ein verliebtes Paar täte gut dran, schnell einen neuen, diesmal gemeinsamen Panzer gegen die Pfeile der Außenwelt anzulegen und – wenn irgend möglich – sich auch gegen die inneren Sprengkräfte der Schwangerschaft zu schützen. Das klingt zynisch. Aber da für viele die Verliebtheit die einzige Erlösung ist, an die sie glauben können, ist auch die Enttäuschung an ihr ein Massenproblem. Und wenn ein Traum erst zerbrochen ist, wünschen sich doch viele, sie hätten ihn nicht überlastet.

Es ist schwer, geplatzte Illusionen zu flicken. Eine Firma, die Kinder, das Haus oder die gemeinsam erworbene Kunstsammlung (man denke an den unvergesslichen Film vom »Rosenkrieg«) hängen dann wie Bleigewichte an den desillusionierten Partnern und hindern sie, eine neue Blase zu schaffen und in ihr davonzusegeln.

Wer akzeptieren kann, dass seine Verliebtheitsillusion geplatzt ist, scheint mir noch viel besser dran als die Paare, welche sich weder von dieser Illusion verabschieden noch sie erhalten können. Es entstehen Streit-Ehen vom Typus »Keine Angst vor Virginia Woolf«, dem Theaterstück von Edward Albee. Sie lassen sich so erklären, dass aus dem *einen* magischen Zirkel *zwei* geworden sind, die nun buchstäblich in den Stoff der Beziehung schneiden. Jeder der Partner hält an seiner Phantasie fest, wie sein Gegenüber »eigentlich« ist/zu sein hat/versprochen hat zu werden.

Wer akzeptieren kann, dass seine Verliebtheitsillusion geplatzt ist, ist besser dran als die Paare, die sich weder von ihr verabschieden noch sie erhalten können.

Julia, Stewardess, 23 Jahre alt; Walter, Student, 22 Jahre alt, kommen beide aus Problemfamilien: Sein Vater, Alkoholiker, hat die Familie früh verlassen; ihre Eltern haben ständig gestritten. Als Julia 19 Jahre alt war, starb ihr Vater an einem »Bergunfall«, wahrscheinlich einem verdeckten Suizid.

In der Verliebtheit umgibt beide der magische Ring. Sie fühlen sich stark. Julia unterstützt Walter finanziell während des Studiums und ermöglicht ihnen beiden Traumreisen. Er übernimmt die Versorgerrolle, sobald er fertig studiert hat, sie kann jetzt zu Hause bleiben und das Wunschkind empfangen.

Das Paar ist überzeugt, dass Julias Mutter »böse« ist und der kleinen Familie nichts zu sagen hat, während Walters verwitwete Mutter »gut« ist und zu allen Festen eingeladen wird. Zehn Jahre später wird die Ehe nur noch durch die beiden Töchter zusammengehalten. Julia hat heftige Aggressionen gegen Walters Mutter entwickelt, die sie erst so sehr einbeziehen wollte.

Diese Frau darf nicht mehr in das gemeinsame Haus, sonst lässt sie sich scheiden! Sie fühlt sich von Walters Mama entwertet. Die Schwiegermutter sabotiert ihren gesunden Haushalt, ignoriert Julias Vorgaben, wenn sie die Enkel betreut, kocht zu fett und steckt den Kindern Schokolade zu. Walter sei ein Muttersöhnchen, mache es sich bequem, suche den Weg des geringsten Widerstands, rutsche, wenn es ihm gerade passe, gleich zu einer anderen Frau ins Bett.

Walter hat eine heimliche Liebschaft, in der er sich viel freier fühlt als in seiner Ehe mit der sexuell spröden Julia. Er macht ihr leise Vorwürfe, dass sie seine arme alte Mutter an Weihnachten alleine feiern lässt, ist am Wochenende von seiner Berufsarbeit erschöpft und blüht auf dem Weg ins Büro auf. Er ist dick geworden. Julia besteht auf dem Vollkornmüsli zum Frühstück; Walter hält auf dem Weg ins Büro bei seinem Lieblingsmetzger und nimmt zwei Leberkäsesemmeln mit.

Als Walter wegen seiner Depressionen eine Therapie begann, erschien zu einem Sitzungstermin Julia. Sie entschuldigte ihren Mann, er leide an einer Grippe, statt abzusagen, habe sie seinen Termin übernommen. Er sei auch einverstanden, wenn sie dem Therapeuten erkläre, wie ihre Sicht der Dinge sei.

Man kann den magischen Kreis des verliebten Paares als Magen sehen, der die Aufgabe hat, zu verdauen, was von einem der Beteiligten in den Kreis eingeführt wird. Er soll es aus etwas Fremdem in etwas Gemeinsames verwandeln. Wie ein überlasteter Magen in Kolik und Krampf dem Organismus ebenso viel Schmerz bereiten kann, wie ein wohlig gefüllter Entspannung und Kraft, so wird das eingeführte Fremde ein Paar bereichern und nähren oder aber zu Schmerzen und Ausscheidungsreaktionen führen.

Auch in der physischen Verdauung werden Stoffe in ihre Bestandteile zerlegt. Ebenso verdeutlichen die Prozesse in der symbiotischen Einheit, welche Komponenten des Partners sozusagen spaltbar sind. Jede Tugend wirft einen Schatten. Der Volksmund hat in seinen Schwiegermutterwitzen scharfsinnig erfasst, dass die sprühende Energie der schönen Braut bei der Schwiegermutter wie brutale Machtgier erscheint, die sanfte Bescheidenheit aber als Trägheit und Indolenz.

Klaus ist mit seiner Schwester Erika in einem bürgerlichen Haushalt herangewachsen. Sein Vater hat sich bis ins mittlere

Management hochgearbeitet und versuchte vergeblich, noch weiter aufzusteigen. Er wurde schließlich wegen seiner Unfähigkeit kaltgestellt, die Kränkung zu verwinden, dass ein jüngerer Mitarbeiter befördert worden war und er nicht. Die letzten Berufsjahre verbrachte er als Nörgler, der in Alkoholexzessen seine Familie tyrannisierte.

Seine Frau stritt sich oft mit ihm und entwertete ihn vor den Kindern, die sie als Bundesgenossen zu gewinnen suchte. Es gelang ihr, Klaus auf ihre Seite zu ziehen; Erika, vier Jahre älter als der Sohn, verteidigte den Vater.

Während Klaus studierte, heiratete Erika gegen den Widerspruch des tobenden Vaters und der still leidenden Mutter einen Handwerker. Es verging auch später kaum ein Familientreffen, ohne dass der Vater angetrunken dem Schwiegersohn vorhielt, er habe nicht einmal Abitur, höhnisch dessen Gebrauch von Fremdworten kritisierte oder ihm vorwarf, sein politischer Sachverstand sei auf dem Niveau der Bild-Zeitung stehen geblieben.

Die Mutter schwieg verkniffen. Erika tobte gegen den Vater, nannte ihn niveaulos, besoffen. Beim nächsten Treffen begannen Tochter, Schwiegersohn und Vater höflich, die Konflikte waren aber nicht begraben; es genügte ein kleiner Anlass, schon brach der Streit wieder aus.

Als Klaus seine neue Freundin Meike nach Hause brachte, waren die Eltern hoch begeistert und warben um die junge Frau, denn Meike kam aus einem Akademikerhaushalt und studierte wie Klaus Medizin, schien also geschaffen, den narzisstischen Mangelzustand der Eltern von Erika und Klaus zu lindern. Meike fand die Eltern von Klaus etwas laut, aber herzlich und schluckte ihren leisen Protest gegen die Bevormundungen durch seine Mutter und die Übergriffe des Vaters, der anzügliche Bemerkungen über ihre Figur machte.

Klaus schätzte Meikes Eltern, die einander in einer Harmonie begegneten, die einem neutralen Betrachter vielleicht ein wenig zu ausgeprägt, zu betulich erschienen wäre, dem in diesem Punkt aber gar nicht anspruchsvollen Klaus jedoch verhieß, er werde sich mit Meike zu einem ebenso harmonischen Paar verbinden.

Nach drei Ehejahren und der Geburt einer Tochter, die jetzt ein Jahr alt ist, landet Klaus sehr hart. Er denkt oft an Scheidung, er hält es einfach nicht mehr aus. Meike ergeht es ebenso. Klaus findet, dass seine Frau eine unverständliche Abneigung gegen seine Eltern entwickelt hat. Meike wirft ihm taktierendes Schwanken zwischen ihr und seiner Mama vor. Während Klaus nach wie vor, sich hier als Vorbild und Tugendbold in die Brust werfend, Meikes Eltern gut findet, kann sie die seinigen nicht ertragen und will sie nicht in ihrem Haus haben.

Meike hat Klaus einmal dafür bewundert, dass er so durchsetzungsfähig ist, sich nichts gefallen lässt, auf seiner Meinung beharrt. Jetzt ist ihr das ganze Klima in Klaus' Familie zu laut. Dort wird ständig gestritten – nein, korrigiert er, wir sind nur lebhafter, Rheinländer eben, du *denkst* nur, dass wir immer streiten! Die Mutter mische sich überall ein, wisse alles besser, renne lieber mit dem weinenden Kind im Arm ins Nebenzimmer, um es fern der Mutter zu trösten, als das Einzige zu tun, was das Kind wolle, nämlich aus den drückenden Armen der Oma in die der Mutter zurückzukehren.

Ob sie koche, putze, räume, wickle – nirgends sei sie vor der

Besserwisserei von Klaus' Mutter sicher. Diese Mutter würde nicht einmal fragen, wenn sie zu Besuch kämen. Sie würde den Zeitpunkt erläutern und das Gästezimmer beanspruchen, als sei es ihr Recht. Neulich sei sie nackt im Bad gestanden, der Vater sei hereingeplatzt. Statt mit einer Entschuldigung die Tür zu schließen, sei er stehen geblieben und habe sie angestarrt, von oben nach unten. Sie musste sich das verbieten!

»Du kennst doch meinen Vater«, sagt dann Klaus. »Du musst ihm seine Grenzen zeigen, er meint es nicht böse, er ist eben so. Früher bist du doch ganz anders mit ihm umgegangen, da konntest du ihn um den Finger wickeln!«. In der Tat fällt es Meike auch deshalb so schwer, die Grenze zu den Eltern von Klaus zu finden, weil sie anfangs zusammen mit Klaus versucht hat, vorbildhaft auf die zerstrittenen Eltern des Ehemannes zu wirken.

Jetzt erkennen Meike und Klaus, dass nicht der Friede den Streit besiegt hat, sondern der Streit den Frieden. Sie beginnen zu streiten, zur Freude von Klaus' Schwester Erika, die bisher ganz unten in der Familienhierarchie siedelte, da weder sie noch ihr Mann Akademiker sind. Jetzt falle sie Meike in den Rücken, als diese von ihr ein wenig Frauensolidarität im Kampf gegen die sexistischen Sprüche des Vater möchte – was sie da habe, wie zimperlich sie sich anstelle, sie sei da wohl verklemmt.

Meike will nicht mehr dulden, dass ihre Tochter mit Klaus zur Oma reist. Sie gönnt der bösen Alten den Triumph nicht und behauptet, Klaus' Mutter gefährde das seelische Wohl des Kindes. Jetzt fühlt sich Klaus entwertet. Schließlich wurde er von eben dieser Mutter erzogen und ist keineswegs überzeugt, ein schlechterer Mensch zu sein als Meike.

Meike passt nicht mehr zu dem Bild, das er sich gemacht hat und das zu dem der gegen den Vater keifenden Mutter kontrastierte. Wie durch einen Fluch ist jetzt Meike zum Drachen geworden, mit dem verglichen seine Mama eine harmlose alte Dame ist, zugegeben manchmal distanzlos und kindlich-ansprüchlich in ihrem Geltungsbedürfnis.

Das Geheimnis der Partnerwahl

»Nachdem nun die Gestalt entzweigeschnitten war,
sehnte sich jedes nach seiner anderen Hälfte,
und so kamen sie zusammen, umfassten sich
mit den Armen und schlangen sich ineinander,
und über dem Begehren zusammenzuwachsen
starben sie aus Hunger und sonstiger Fahrlässigkeit,
weil sie nichts getrennt voneinander tun wollten.«

Platon, Symposion, 191.b

Man sollte meinen, dass Ähnlichkeiten die »Verdauung« des Fremden in der durch die Verliebtheit geschaffenen, symbiotischen Blase erleichtern. An diesem Beispiel wird jedoch deutlich, dass das vielleicht statistisch gilt, aber im Einzelfall ganz andere Dynamiken entstehen.

Erika und ihr Mann, deren Ehe von den Eltern entwertet wird, schließen sich defensiv zusammen und bilden eine gemeinsame Front. Meike jedoch wird zuerst freudig begrüßt und erlaubt Klaus, in der Rivalität mit Erika zu triumphieren. Aber das ist teuer erkauft, denn Meike wird auch vereinnahmt und reagiert schließlich so ungerecht und allergisch auf die Eltern von Klaus, dass dessen frühe Bindung an die Mutter, die er in seiner Ehe lösen wollte, plötzlich über die neue Beziehung zu triumphieren droht.

Die Geheimnisse der Liebeswahl haben schon viele Autoren beschäftigt, Romanciers und Wissenschaftler, von denen vielleicht Leopold Szondi der Merkwürdigste ist: Er hat behauptet, dass sich Menschen aufgrund der in ihnen unterdrückten Triebanlagen wählen und sogar einen Test entwickelt, der aufgrund der spontanen Sympathie für die Fotos verschiedener Triebtäter oder Nervenkranker solche Anlagen zu rekonstruieren versprach.

Das Schulkind lernt, dass Leistung den Platz in der Welt sichert, Versagen jedoch ihn gefährdet. Es ist nicht nur Opfer von Zensuren, sondern es wird selbst zum Zensor und richtet seine Kritik auf emotionale und moralische Mängel der Eltern.

Darin wurzelt eine der vielen entscheidenden Situationen der Entwicklung. Wenn das Kind in seinen moralischen Urteilen ernst genommen wird, kann sich dieses Urteil differenzieren und realistischer werden. Häufig wird das moralisierende Kind entwertet, nach dem Motto: Solange du deine Beine unter meinen Esstisch streckst, hast du nichts zu sagen! In solchen Fällen kann das Kind die Stärken der Eltern nicht mehr wahrnehmen, es sieht nur noch ihre Mängel und fixiert sich an eine Phantasie, diese zu kompensieren.

Desto heftiger wird dann später in der Partnerwahl die Suche nach einer Kompensation, welche die Sicherheit verspricht, nicht in die Falle zu geraten, in der die Eltern nach einem voreiligen und wenig ausgereiften Urteil saßen. Klaus hat Meike ausgesucht, weil er beobachtet hat, dass ihre Eltern liebevoll miteinander umgehen. Damit meinte er vermeiden zu können, was er als Kind so negativ als einen chronischen Kampf zwischen seinen Eltern erlebte.

Solche Probleme sind oft in interkulturellen Beziehungen besonders virulent.

Das von dem Mangel an Nestwärme enttäuschte Mädchen verliebt sich beispielsweise nicht nur in den jungen Kurden, der Asyl sucht und verspricht, sie auf Händen zu tragen, sondern vor allem in dessen Familienklima, in die selbstverständliche Wärme und Nähe dort, die Zeit füreinander, die uneigennützige Gastfreundschaft.

So ist sie zu einer Ehe bereit. Als Ehefrau aber erlebt sie sich wie eine Gefangene, eine Sklavin, die stets zum Sex bereit sein und ihr Geld bei der Schwiegermutter abliefern soll, während der Ehemann seine Tage im Kaffeehaus verbringt. In ihrer Kränkung sucht sie juristische Hilfe und erhält den Rat, die Ehe annullieren zu lassen, weil sie in betrügerischer Absicht geschlossen worden sei, um sich Asyl zu erschleichen. So endet die Verliebtheit in Entwertung und Hass. Der Ehemann wird abgeschoben.

Mario ist ein Brasilianer, der seit seinem Studium in Deutschland lebt. Er stammt aus einer Ehe zwischen einem Brasilianer und einer Deutschen. Seine Mutter hat sich während seiner Schulzeit mit heftigsten Entwertungen vom Vater getrennt und ihn beim Vater in Brasilien gelassen. Als dieser sich weigerte, dem Sohn ein Studium zu bezahlen, kam Mario zur Mutter nach Deutschland, fühlte sich aber von ihr nicht angenommen und zog sehr schnell in ein Studentenheim. Dort lernte er seine spätere Frau Ingrid kennen. Auch Mario verliebte sich nicht nur in eine Frau, sondern vor allem in deren Elternhaus.

Die Mutter seiner Verlobten schien ihren Mann anzubeten. Sie hatte keinen Führerschein. Der Vater musste sie überall hinkutschieren. Sie musste ihn immer wieder darum bitten, bedankte sich und lobte ihn als einen großartigen Autofahrer. Mario, der als Kind unter seiner dominanten, den Vater entwertenden Mutter gelitten hatte, fand das Beispiel dieser Schwiegermutter rührend. Er ahnte nicht, wie sehr eben diese Szenen Ingrid abstießen, die schon mit siebzehn ihre ersten Fahrstunden genommen hatte und einmal ihre Mutter angeschrien hatte, sie denke gar nicht daran, ihren Chauffeur zu spielen. Sie war durch die Bevorzugung des Bruders und die in ihren Augen demonstrative Schwäche der Mutter chronisch gekränkt.

So wollte Ingrid einen Mann, der sie nicht einengte, sondern ihr eine neue Welt öffnete. Die Ehe geriet in eine Krise, als Ingrid immer vorwurfsvoller wurde, weil Mario Tag und Nacht arbeitete, um möglichst bald ein Haus kaufen zu können, das ebenso schön war wie das seiner Schwiegereltern. Sie verweigerte sich sexuell, er fand trotz aller Plackerei die Zeit, die eine oder andere Geliebte zu erobern.

Mario konnte sich Ingrids Enttäuschung nicht erklären, so wenig wie sie seinen Rückzug verstand. Nur die beiden Kinder hielten das Paar noch zusammen.

Die Schwiegereltern, die Mario anfangs so bewundert hatte, waren für ihn gestorben, als der Schwiegervater einmal angesichts einer Unpünktlichkeit des Paares hinwarf, in Brasilien sei das vielleicht normal, in Deutschland aber nicht. Dabei war nicht Mario für das Zuspätkommen verantwortlich, sondern Ingrid. Als Reaktion auf das deutsche Stereotyp des Brasilianers hatte sich Mario angewöhnt war, absolut pünktlich und genau zu sein; er zahlte jede Rechnung an dem Tag, an dem er sie erhielt.

Das Prinzip Austausch

> »Mit Mühe endlich hatte sich Zeus etwas ersonnen
> und sagte: Ich glaube nun ein Mittel zu haben,
> wie es noch weiter Menschen geben kann und sie doch
> aufhören müssen mit ihrer Ausgelassenheit,
> wenn sie nämlich schwächer geworden sind.«

Platon, Symposion, 190.c

Platon erzählt im *Symposion* von den Kugelwesen, deren Kraft die Götter so sehr bedroht, dass diese eine grausame Abwehr ersinnen. Sie schneiden die Vor-Menschen in zwei Teile »wie Eier mit Haaren«. So entstand die kräftezehrende Sehnsucht der gegenwärtigen Menschen, sich mit der verlorenen Hälfte zu vereinen.

Die Ahnen vermehrten sich wie die Zikaden, indem sie Eier in die Erde legten. Da es drei Sorten gab, die Weiblichen, von der Erde, die Männlichen, von der Sonne, und die Mannweiblichen vom Mond, gibt es Frauen, die sich mit Frauen vereinigen wollen, Männer, die das mit Männern tun möchten, und schließlich auch Frauen und Männer, die sich nach etwas sehnen, das anders ist als sie.

Die psychologische Forschung hat Platons Mythos sozusagen vom Kopf auf die Füße gestellt. Um einen wesentlichen Bestandteil – die grenzenlose Sehnsucht nach einer illusionären Einheit – kommt auch sie nicht herum. Sie spricht von der Sehnsucht nach Symbiose, Verschmelzung, Spiegelung, Anlehnung, Idealisierung und meint damit, dass die Bereitschaft des Menschen, zu sehen, was er sich wünscht und zu glauben, es sei tatsächlich da, sich vor allem in den erotischen Bedürfnissen manifestiert.

In Wahrheit ist der Gegensatz von »Phantasie« und »Realität« ein Kunstprodukt, das durch Eigenheiten der neuropsychologischen Grundlagen unserer Orientierung erzeugt wird. Unsere Wahrnehmung der Wirklichkeit ist immer auch Phantasie. Sie beruht auf einem Korrekturprozess, in dem die eine Hälfte des Gehirns dramatische Entwürfe der anderen Hälfte zurechtrückt und die Kooperation beider ein Bild der Welt schafft, das nicht im Spiegel-Sinn realistisch ist, sondern die Welt für unsere Praxis zurichtet.

Wie die menschliche Wahrnehmung, Kreativität und viele andere wesentliche Merkmale ist auch unser Kontaktverhalten auf einem Dialog von kühnem Entwurf und kritischer Verfeinerung aufgebaut. Auch dieser scheint eine Grundlage in den unterschiedlichen Funktionen der beiden Gehirnhälften zu haben, von denen beim Rechtshänder die linke Hemisphäre für die kritische Beobachtung und Versprachlichung zuständig ist, die rechte aber für Intuition und schnelle, emotionale Reaktionen.

Die kontaktstiftende Funktion ist das schnelle, »intuitive« Sich-Verlieben, das auf einer Überschätzung (Idealisierung) des Partners beruht. Die kontakterhaltende Funktion ist dann der realistische und kritische Austausch mit einem Partner.

Entwertung, Vorurteil und Hass entstehen, wenn die Idealisierung nicht kritisch durchleuchtet wird, sondern die primitive Verliebtheit in ihr ebenso primitives Gegenteil kippt. Der Schritt vom Erlöser zum Verderber ist erheblich kürzer als der von einer grandiosen Illusion über den Partner zur Verarbeitung seiner Wirklichkeit.

Wer aus dem positiven Vorurteil in das negative fällt, erspart sich die Auseinandersetzung mit der Realität, die auch immer bedeutet, sich Kränkungen zu stellen und Ängste vor der Unsicherheit zu überwinden, die in der Achtsamkeit auf innere Prozesse wurzelt. Wir sind seelisch darauf vorbereitet, gegen äußere Feinde zu kämpfen; die dazu nötige Affekt-Ausrüstung des Kampf-Flucht-Mechanismus steht sofort zur Verfügung. Eigene Verstrickungen in problematische Zustände zu erkennen erfordert dem gegenüber Kontrolle über schnelle Reaktionen.

Das erwachsene Selbstgefühl festigt sich in Liebesbeziehungen durch den Austausch von Anerkennung. Eine innere Struktur trägt diesen Austausch. Sie baut sich auf, wenn dem Kind die Möglichkeit geboten wurde, sich mit entsprechenden Erfahrungen zu identifizieren, wenn es also einen solchen Austausch in seiner Familie erlebt hat. Wo die Eltern tyrannisch oder entwertend miteinander umgehen, entsteht ein extremes Kontrollbedürfnis, das durch Ängste abgesichert wird, mit eigenen Kontaktwünschen ungeschützt auf andere Menschen zuzugehen. Der folgende Fall zeigt, wie die entsprechenden Selbstgefühlsdefizite durch die Konstruktion einer Phantasieliebe ausgeglichen werden. Die narzisstischen Belastungen *durch* ein Kind spiegeln sich in dieser Bindung an ein Liebesobjekt, das nicht real werden darf, weil es vollkommen sein muss.

Beate U. wächst in einer Familie auf, in der die Mutter wegen ihrer »hysterischen« Geltungsansprüche vom Vater entwertet wird. Beate schließt ihr Jurastudium mit Auszeichnung ab und arbeitet erfolgreich in der Rechtsabteilung eines Konzerns. Sie kommt mit Depressionen und Suizidphantasien in Behandlung. Beate lebt seit zehn Jahren allein. Ihre Krisen hängen damit zusammen, dass sie ein von ihr heimlich begehrter Mann ignoriert oder mit einer ihrer Kolleginnen geflirtet hatte. Sie kann von dieser Schwärmerei nicht lassen, sie beherrscht bald ihre Phantasie, bald wird sie in kritischer Selbstentwertung niedergemetzelt.

Beate sehnt sich nach einer Familie und Kindern, begehrt aber nur diesen (verheirateten) Traummann, während sie Beziehungsangebote aus ihrem Umfeld ignoriert oder entwertet. Sie sei doch kein Behälter für Restmüll!

In der Behandlung erkannte Beate, wie dieser Traummann sie selber war – ein narzisstisch besetztes Bild, mit dem sie verschmelzen wollte, um endlich in eine angstfreie sexuelle Beziehung zu finden.

In dem Phantasiepartner konnte sie sich spiegeln. Sie lebte mit ihm in einem schönen Haus und hatte viele Kinder, ohne dass ihr Vater etwas von ihrem Sexualleben wusste und bemerken konnte, dass seine Tochter nicht mehr sein Püppchen war. Alles war genau so, wie es ihr Vater erwartete, mit dem sie schon früh ein Bündnis gegen ihre Mutter geschlossen hatte.

Es dauerte zwei Jahre, bis sich Beate bereitfand, den Männern standzuhalten, die sie über eine Internet-Kontaktbörse kennenlernte. Als sie endlich eine Beziehung begann, hatte sie anfangs nur Einwände und Panikzustände. Sie hörte die Stimme der Mutter – »Was willst du denn mit dem«? Er sei zu dick, nicht erfolgreich genug, komme aus kleinen Verhältnissen.

Es zeigte sich, dass ihr Freund gut mit ihrem Vater konnte (und sie war überzeugt gewesen, dieser würde ihn entwerten), dass auch er sexuelle Ängste hatte, die er mit ihr überwand. Sie fand es schön, hier sogar weniger Angst zu haben als ihr Partner!

In einem narzisstischen Mangelzustand entwickelt das Ich eine gesteigerte Wahrnehmung für Quellen von Aufmerksamkeit und Grandiosität. Es blickt sozusagen um sich, sucht nach Möglichkeiten, zu idealisieren, sich zu verlieben, sich zu identifizieren, an fremder Grandiosität auf die eine oder andere Weise zu partizipieren. Je ausgeprägter die Bedürfnisse nach Spiegelung in der kindlichen Erlebniswelt versagt wurden (in Beates Fall durch ihre extrem selbstbezogene, den Ehemann entwertende und putzsüchtige Mutter), desto mächtiger ist die Sehnsucht nach einer idealen, perfekten

Liebe – und desto ohnmächtiger fühlen sich die Betroffenen angesichts der Aufgabe, die Kränkungen des Liebesalltags zu verarbeiten.

Das Kind wird dann einerseits zum Symbol für diese ideale Liebe, andererseits zum Konkurrenten, gegen den ein Erwachsener keine Chance hat. Das wichtigste Medium, in dem sich die menschliche Kränkungsverarbeitung festigt, ist der Austausch – der körperliche, emotionale, semantische und schließlich sprachliche Dialog zwischen dem Kind und den Eltern.

Wer sich empathisch gebunden fühlt, wird sich bemühen, in diesem positiv geladenen Beziehungsfeld zu bleiben. Erst wenn dessen Grenzen überschritten sind, sehen sich Liebende mit jenen Aufgaben konfrontiert, die wir »Erziehung« nennen und die bei Kindern nicht selten, angesichts eines erwachsenen Liebesobjektes aber meistens scheitern. Wenn wir meinen, Kinder erziehen zu müssen oder einen Partner nach unseren Vorstellungen durch Zuckerbrot und Peitsche verändern möchten, haben wir die Erfolg versprechenden Einflussmöglichkeiten schon verpasst.

Wer selbst gerne gibt, kann sich auch gut vorstellen, dass er auf eine Bitte hin etwas bekommen wird. Der verinnerlichte Austausch trägt unsterblich-banale Äußerungen, wie »C'est tellement simple l'amour.«[11] Die Liebe ist ganz einfach, wenn klar ist, dass ein Wunsch nach Zärtlichkeit und Nähe gut ist, den Wünschenden attraktiv macht, einen von Einfühlung bestimmten Austausch einleitet.

Je ausgeprägter die narzisstische Verletzung, desto schwerer fällt es, diesen Wunsch angstfrei zu erleben und spontan zu äußern. Er drückt einen Mangel in der Grandiosität aus. Was muss das für ein klägliches Ich sein, das etwas nicht hat und darum bitten muss! Der narzisstische Neid kann deshalb kaum geheilt werden, weil er die aggressive Energie im Überschuss produziert, die ihn erzeugt und aufrechterhält. Wer von diesem Neid erfüllt ist, wird fast verrückt vor Sehnsucht nach den Beziehungen oder den Dingen, die er nicht hat.

Wer Liebesbeziehungen angstfrei erlebt und in ihnen ohne übermäßige Kontrollbedürfnisse geben und nehmen kann, gleicht einem Matrosen, der beruhigt segelt, weil er weiß, dass zwar ein wenig Wasser in sein hölzernes Schiff dringt, aber die Pumpen zuverlässig genug sind, dieses zu entfernen. Er findet kleine Missverständnisse und Kränkungen in der Liebe normal.

Wer sich aber nach der symbiotischen, ganz sicheren Liebe sehnt und gleichzeitig nicht an diese glauben kann, kontrolliert ständig den Schiffsrumpf und sondiert alle verdächtigen Stellen, weil ihm jeder Wassertropfen den Untergang ankündigt. Feuchte Stellen prüft er so intensiv auf ihre Durchlässigkeit, bis tatsächlich eine Planke bricht. Es gibt für ihn keine kleinen Abweichungen von einem Liebesideal, sondern nur katastrophale.

Die Individualisierung

Die Symbiose des Liebespaars ist eine Folge kultureller Veränderungen, die mit dem Schlagwort »Individualisierung«

verbunden werden. Ein erster Individualisierungsprozess begann, als die Industrialisierung die bäuerlichen und handwerklichen Traditionen auflöste, die Arbeitsteilung erweiterte und die sozialen Bindungen schwächte. Solche Prozesse haben bereits Gründerväter der Soziologie wie Georg Simmel (mit dem Gegensatz von *Gemeinschaft* und *Gesellschaft*)[12] und Emile Durkheim beschrieben.

Der Zerfall traditioneller Bindungen befreit die Selbstbestimmung des Individuums. Dieses definiert sich durch seine persönliche Leistung, nicht durch Tradition nach dem Modell »Bauer, Bürger, Edelmann«. Im Zug dieser Individualisierung entwickelte sich auch die Liebesehe als kulturelles Leitmotiv gegenüber der traditionellen, von Sippen oder Familien arrangierten Ehen.

Anthony Giddens[13] und Ulrich Beck[14] beschreiben ein zweites, das erste überlagernde Vereinzelungsgeschehen seit Ende der 1950er Jahre. In der postmodernen Gesellschaft habe sich der Individualisierungsprozess radikalisiert und universalisiert. Zentrale gesellschaftliche Zuordnungen wie *Arbeiterklasse* veralten.

Während im Mittelalter die gesamte Kultur von einer Wir-Identität bestimmt war, brach diese während der Renaissance auf. Die Humanisten benutzten die antike Tradition, um sich von der kirchlichen Übermacht zu distanzieren. Martin Luther setzte die kritische Position des individuell die Bibel studierenden Gelehrten durch. Parallel dazu wertete die Portraitmalerei (Dürer, Mantegna) das Individuum auf; ebenso die individualistische Philosophie (Descartes). Diese Prozesse erreichten zunächst nur kleinere Bevölkerungsgruppen. Aber seit dem 19. Jahrhundert garantierten die europäischen Industriestaaten mehr und mehr die physische und soziale Sicherheit ihrer Mitglieder. Die neuen Gesetzbücher (allen voran der *code civil* Napoleons) beziehen sich auf Individuen, nicht auf Familien oder Dorfgemeinschaften. Dies verlagert die Wir-Ich-Balance zugunsten der Ich-Identität.[15]

Individualisierung schafft nicht nur Freiheiten, sondern auch Zwänge: Verantwortung für das eigene Leben zu übernehmen, Entscheidungen zu treffen, sich schuldig zu fühlen, wenn eine Entscheidung falsch war. Die Symbiose mit dem Liebespartner spielt eine zentrale Rolle in der Kompensation der emotionalen Überforderungen durch diese Entwicklung.

> Individualisierung schafft nicht nur Freiheiten, sondern auch Zwänge.

Gleichzeitig destabilisiert sie aber auch die Kontakte. Sie individualisiert Kränkungen und schreibt sie einem Liebespartner zu, der »kein Verständnis hat!«

Wenn sich in einem Dorf des 17. Jahrhunderts ein Bauer nicht normgerecht verhielt, z.B. zu viel Alkohol trank und seinen Hof vernachlässigte, dann lag es nicht an der Bäuerin, zu entscheiden, ob sie sein Versagen deckte oder sich von ihm trennte. Es war Sache der Gemeinschaft, vor allem der beiden beteiligten Familien, welche auch die Ehe arrangiert hatten.

Während Menschen früher lebenslang an Familie, Sippe oder Stamm gebunden waren, *können* sie heute über ihre Beziehungen selbst entscheiden – und *müssen* dies auch tun. Die Gesellschaften auf dem Globus stehen gegenwärtig auf ganz unterschiedlichen Entwicklungsstufen. Sie sollen zu einer »Menschheit« werden, fordert der Zivilisationsforscher Norbert Elias.[16]

3. INSTABILE KERNE DES SELBSTGEFÜHLS

Menschen erwerben ihr Beziehungsverhalten vorwiegend durch Identifikation. Auf diesem Weg finden sie in einer prägbaren Frühzeit zu einem persönlichen Muster von Ängsten und Wünschen, die während der späteren Kindheit und im jungen Erwachsenenalter (der sogenannten Adoleszenz) noch einmal bearbeitet und zum Teil durch geistige Konstruktionen ergänzt werden, die sich mit dem Begriff des »Ideals« beschreiben lassen, den wir der antiken Philosophie (Platon) entnehmen.[17]

In den meisten der bisher analysierten Partnerschaften mit einer heftigen Babykrise zeigt sich das oben schon erwähnte Bild der instabilen Kerne des Selbstgefühls, dessen Ursachen und Folgen jetzt genauer untersucht werden sollen.

Das klassische Modell der Psychoanalyse vom »Ödipuskomplex« ist insofern unvollständig, als es die familiendynamischen Bedingungen nicht untersucht, welche die Identifizierung des Sohns mit dem Vater, der Tochter mit der Mutter ermöglichen und auf diese Weise helfen, die angespannte Situation dieser frühen Hochblüte menschlicher Leidenschaften zu bewältigen.

Narzissmusforschung und analytische Gruppendynamik ergänzen hier, dass die Familie im Sinn einer Primärgruppe die frühen Kerne des Selbst prägen und letztlich entscheidet, ob der Sohn den Vater genügend gut idealisieren und sich auf dieser Grundlage mit ihm identifizieren kann.

Wenn ein Mädchen die Mutter als grausam, kalt und feindselig erlebt, den Vater aber als lebensfroh und warmherzig, wird es sich lieber mit dem idealisierten als mit dem entwerteten Elternteil identifizieren. Dadurch ist das Selbstgefühl später wenig belastbar. Es kann den Verlust von Stützen nicht verkraften, etwa durch die Einbuße einer gerne geleisteten Berufstätigkeit, durch den Verlust des gewohnten sozialen Feldes nach einem Umzug.

Die betreffende Frau wird nicht etwa als »männlich« auffallen, sondern eher als »hysterisch« bzw. (moderner) »narzisstisch gestört«. Sie ist besonders abhängig davon, als attraktive Frau anerkannt zu werden. Sie wirbt um erotische Aufmerksamkeit, fürchtet sich aber vor Bindungen, die Ängste vor einer Wiederholung der traumatischen Erfahrungen wecken. Sie erobert Männer und setzt sie dann unter Druck: Sie müssen ihr beweisen, dass sie als Männer ebenso perfekt sind, wie sie es als Frau sein möchte. Sie wird bewundert und begehrt, kann sich aber erotisch nicht fallen lassen.

In vielen Paaren schwindet die sexuelle Aktivität, sobald die Partner annehmen, es gäbe nichts mehr zu erobern. Paare berichten, wie die sexuelle Aktivität schlagartig nachließ, sobald sie in eine gemeinsame Wohnung zogen und ihre Liebesbeziehung die Charakteristik der Eroberung, des Abenteuers einbüßte.

Instabile Kerne des Selbstgefühls entstehen:
1. Wenn sich das Kind von einem oder beiden Eltern vorwiegend abgelehnt fühlt.
2. Wenn das Kind mit Eltern lebt, welche sich gegenseitig entwerten.

3. Wenn das Kind traumatisiert wird, z.B. durch schwere Krankheiten oder Unfälle, sexuellen Missbrauch, Gewalterfahrungen.

Die Entwertungsdynamik in einer Familie kann so subtil sein, dass analytische Arbeit nötig ist, um sie zu entschlüsseln. Wer sich nicht für den kulturellen Hintergrund und die Familiengeschichten der Großeltern interessiert, wird sie manchmal gar nicht entdecken. Dann bleiben die aus ihnen resultierenden Konflikte zwischen den Eltern eines Kindes verborgen.

Eltern schreiben die Geschichte ihrer Beziehung so, dass ein Kind den Eindruck gewinnt, es sei schon immer so gewesen. »Seit ich denken kann, hat der Vater alleine in seinem Arbeitszimmer gegessen, in das niemand hineindurfte, weil wir ja doch nur etwas kaputt gemacht hätten.«

Das Kind erlebt eine solche Situation als Entschluss des Vaters, sich aus der Familie zurückzuziehen und seine Kinder als Störenfriede anzusehen. Oft hält dieser Eindruck an. Erst in der Analyse kann deutlich werden, was die Mutter dazu beigetragen hat, dass der Vater sich aus dem Kontakt mit ihr und den Kindern zurückzog.

Die Mutter, welche den Sohn oder die Tochter ins Vertrauen zieht und den Vater als Grobian oder Versager entwertet, belastet deren Selbstgefühl ebenso wie ein Vater, der über die Schwächen der Mutter spottet. Das Kind identifiziert sich mit dem *Austausch* zwischen den Eltern, mit ihren wechselseitigen Einstellungen und Bewertungen. Diese Grundmuster werden dann in der Partnerschaft wiederbelebt, oft auch als Versuch, es anders zu machen, der im Zwang zum Gegensatz energisch an das Vorbild bindet.

Eltern, die sich und dem Kind eingestehen, dass sie einen Anteil am Scheitern einer Ehe haben, sind eher die Ausnahme. Die Versuchung ist immens, das Kind als Spiegel für den narzisstischen Trost zu missbrauchen, dass eine gute Beziehung möglich gewesen wäre, hätte der Partner/die Partnerin nicht die Fundamente zerstört.

Wer die eigene Verantwortung und Beteiligung an einer Beziehungskrise leugnet, zementiert diesen Zustand und blockiert alle eigenen Möglichkeiten, die Situation zu lösen. Wir sind als Einzelne in die Beziehung gegangen. Wir sollten bereit sein, sie als Einzelne wieder zu verlassen, ohne zu behaupten, jemand habe unser Leben zerstört.

Im Bild der romantischen Liebe, das die Symbiose zu erfüllen verspricht, geht es um leistungsbefreite, von Liebe erfüllte Räume. Solche Illusionen rüsten Eltern nicht für ihre Aufgaben und wecken die Versuchung, unbewältigte Probleme der mangelnden Liebe eines Partners zuzuschreiben.

Liebeserwartungen können zum Nebel werden, der Konflikte verschleiert, bis sie unlösbar geworden sind. »Aus Liebe« tut ein Mensch eben *nicht* alles. Selbst angesichts einer Scheidung trennen sich Menschen spät und widerwillig von solchen Illusionen.

Vom Mythos gelingender Freundschaft von Ex-Paaren

»Lass uns Freunde bleiben!« – Der Satz fällt nicht selten, wenn ein modernes Paar auseinandergeht. Er drückt aus, wie hartnäckig die Illusion des Liebes(t)raumes ist.

Peter S. ist an einer Depression erkrankt. Er lebt mit seiner Frau, von der er sich vor einem Jahr getrennt hatte, nach wie vor in dem gemeinsamen Haus. Er fühlt sich nicht wohl, sieht sich aber nicht in der Lage, zu erklären, woran das liegt. Allmählich stellt sich heraus, dass die von seiner Partnerin verhängte Freundschaft weder seinen noch ihren Gefühlen entspricht. Er muss vor den Kindern über die Gründe seiner Unzufriedenheit mit der Ehe schweigen und bemerkt doch, dass sich seine Partnerin immer wieder verabredungswidrig vor den Kindern über ihn beklagt. Er hat sie zur Rede gestellt. Sie leugnet alles. Sie würde nie etwas tun, was dem Geist der verabredeten Freundschaft widerspreche. Vielleicht sei ihr einmal im Affekt etwas herausgerutscht, aber das habe nichts zu bedeuten.

Freunde sucht man sich aus und ist gern mit ihnen zusammen. Für das Aufräumen und Ordnen in einer zerbrochenen Familie ist Arbeit ein tauglicheres Modell. Gemeinsame Arbeit wahrt eigene Interessen, verkleinert aber den seelischen und materiellen Schaden. Paare, die anständig zusammenarbeiten, die den oder die Ex-Partner/in nicht schlechter behandeln als einen zweiten Handwerker auf der Baustelle, haben bessere Voraussetzungen, anstehende Probleme zu bewältigen und den Kindern eine verlässliche Basis zu sichern. Freunde rechnen damit, dass ein Freund Verständnis hat, wenn man einmal vergesslich oder unpünktlich ist. Für Zusammenarbeit sind solche Nachlässigkeiten Gift. Erst wenn eine solide Arbeitshaltung die Defizite ausgleicht, welche durch den Verlust an Liebe entstanden sind, können sich Partner und Kinder in Patchworkfamilien wieder sicher fühlen.

Regelkreise in der Kränkungsverarbeitung

Die Babykrise testet das Selbstgefühl der Eltern. Dessen Stabilität zeigt sich darin, wie gut Kränkungen verarbeitet werden. Die alltagspsychologische Auffassung erklärt das gerne mit Charaktereigenschaften. Es gibt nachtragende und nicht nachtragende Menschen, leicht Beleidigte und solche, die souverän bleiben.

Die familiendynamische Analyse zeigt, dass das nicht so einfach ist. Kränkungsverarbeitung wird stark durch Rückkoppelungen und soziale Regelkreise bestimmt, in denen Ängste eine wichtige Rolle spielen. Ihre elementare Gestalt lässt sich nach dem Bibelwort beschreiben: »Wer hat, dem wird gegeben!«

Ein Bauingenieur kommt mit Depressionen und einer sozialen Phobie in Behandlung. Er klagt, dass er sich schrecklich einsam fühle und alle seine Versuche, Kontakte zu finden, zurückgewiesen würden. Nach einem Beispiel befragt, berichtet er von seinem letzten Versuch, der so enttäuschend verlaufen sei, dass er jetzt seit zwei Jahren keinen neuen unternommen habe. Damals lernte er in einer Kneipe eine nette Frau kennen. Er unterhielt sich einen Abend lang gut mit ihr und machte ihr einen Heiratsantrag. Daraufhin hätte sie sich zurückgezogen und gesagt, er solle sie lieber nicht mehr anrufen, während sie ihm vorher schon ihre Adresse gegeben hatte.

Wer viele gute Beziehungen hat, fühlt sich nicht veranlasst, einem Menschen, den er eben kennengelernt hat, einen Heiratsantrag zu machen. Er fürchtet nicht, diesen zu verlieren, wenn er ihn nicht festhält. Wer sich nach einigen gescheiterten Versuchen einsam und in Not fühlt, wird bei dem überraschten Gegenstand seiner Wünsche eine Absage mobilisieren und sich auf diese Weise erneut bestätigen, dass er nicht liebenswert ist.

Die Angstbereitschaft der Traumatisierten hängt damit zusammen, dass ihr normaler Reizschutz schon einmal überlastet wurde. Dadurch schwindet die Fähigkeit, Erwartungen zu revidieren und die eigenen geistigen Fähigkeiten auf reale Probleme zu konzentrieren. Sie richten sich dann eher darauf, mit großen Anstrengungen und um fast jeden Preis dafür zu sorgen, dass die idealisierte Erwartung erfüllt wird, von der sich das verletzte Selbst Festigung verspricht.

Wir würden uns wundern, wenn der Besitzer eines Alltagsautos jedes Mal, wenn er nach dem Anlassen beschleunigt, in Tränen der Wut ausbricht, weil der Motor nur sechzig und nicht dreihundert PS hat. So aber verhalten sich traumatisierte Menschen in ihren Liebesbeziehungen. Sie weigern sich, die Leistungsgrenzen einer Partnerin oder eines Partners ernst zu nehmen. Sie sind gekränkt, als erführen sie davon zum ersten Mal.

Ähnliches lässt sich an Beziehungen zu Eltern beobachten, deren erwachsene Kinder sich nach jedem Wochenendbesuch bitter beklagen, dass sich diese Eltern wieder *ganz genauso* verhalten haben, wie beim letzten und vorletzten Besuch. In diesen Fällen hat die Realität es schwer, sich gegenüber der Erwartung durchzusetzen, die sich in der Trennung aufbaut, nach dem Motto:»Es kann doch nicht wahr sein, dass ich keine Selbstobjekte habe!« Der Mensch spielt eine Sonderrolle in der Evolution, weil in seinem Unbewussten die intensive Bindung zwischen Mutter und Kind Macht über das Leben der Erwachsenen behält, wenn während der Kindheit die Mutter (oder ihre Stellvertreter) das Baby nicht ausreichend wahrgenommen, gespiegelt und in seinen starken Affekten von Schmerz, Angst und Wut gehalten hat.

Die Selbstobjektbeziehung überträgt symbiotische Erwartungen, welche zwischen Mutter und Kind überlebenswichtig und daher»normal« sind, auf die Beziehungen zwischen Erwachsenen. Die symbiotischen Bedürfnisse können auf Außenstehende wirken wie eine Krankheit. Bereits in Medizintexten der Antike ist beschrieben, wie Erwachsene aus unerfüllter Liebessehnsucht tödlich erkranken; Abhilfe schafft die Vereinigung.

Der arabische Arzt Avicenna (980 bis 1037), dessen medizinisches Lehrbuch»Der Kanon« die europäischen Ärzte über

Jahrhunderte hin für unübertrefflich hielten, hat auch die Liebeskrankheit beschrieben. Einmal wurde er zu einem jungen Mann geholt, der nicht mehr aß, sehr geschwächt und schon dem Tod nahe war. Der Arzt hatte den Verdacht, es handle sich um eine pathologische Verliebtheit, konnte ihn aber nicht erhärten, weil der Kranke nicht sprach. Deshalb ertastete Avicenna den Puls des Erkrankten und sagte ihm laut die Namen von Provinzen, Städten, Straßen und Menschen vor. Da er nun merkte, wie sich der Puls des Kranken beschleunigte, sobald er eine der jungen Frauen in der Umgebung des Mannes nannte, diagnostizierte er eine Liebeskrankheit. Avicenna riet den Eltern des Patienten, ihn mit diesem Mädchen zu verheiraten. Diese nahmen den Rat an; der junge Mann genas.

Ähnliche Geschichten werden auch von anderen Ärzten, unter anderem einem Arzt am Hof der hellenistischen Königin Berenike erzählt, der alle Hofdamen am Bett des erkrankten Prinzen vorbeiziehen ließ, ebenfalls den Puls fühlte und so die Ursache herausfand.

Der Liebeskummer Erwachsener gleicht dem Leid verlassener Kinder. Vielleicht ist die Intensität des Bindungsempfindens im erotischen Akt nur ein Abglanz der intensiven Empfindungen, die den Säugling bewegen: dem panischen Schmerz, wenn die Mutter fehlt, dem Glücksgefühl, wenn sie stillt.

Selbstobjekte sind die Personen, welche das eigene Selbstgefühl festigen, indem sie Erwartungen genau erfüllen und dadurch die Symbiose sichern. Sie sich zu wünschen, ist für den Menschen normal. Während gesunde Personen die Versagung solcher Nähewünsche mit Mühe verarbeiten können, bauen Traumatisierte Sicherungen ein. Sie inszenieren Leid, um die Qualen zu mildern, welche durch das Scheitern solcher Wünsche entstehen. Daher haben Ideale, die sich diesem Begehren entgegenstellen, auch eine so lange Tradition. Wer keusch lebt und sich von dem Begehren nach Macht distanziert, schützt sich durch eine Disziplin der Vermeidung vor den Krankheiten der Liebe. Wer beschließt, jede Liebesbeziehung sogleich nach der Eroberung der Geliebten abzubrechen, erreicht das Gleiche. Don Juan und der Mönch sind einander näher, als sie glauben.

Don Juan und der Mönch sind einander näher, als sie glauben.

Die kindliche Depression als Modell der Liebeskrankheit

Die Ähnlichkeit zwischen den schweren Fällen der Liebeskrankheit und der anaklitischen Depression verlassener Kinder zeigt sich vor allem in der Sprachlosigkeit der Liebeskranken. Wenn wir nach biologischen Grundlagen der Mutterschaft suchen, finden wir keine isolierte, mit einem Kind allein gelassene Frau. Wir finden eine Gruppe in intensiver Kommunikation, Frauen und Männer, die sich fürsorglich um das Neugeborene organisieren und es begrüßen. In Primitivkulturen wandern Säuglinge von Arm zu Arm. Eine Mutter hat nur in Notsituationen zu bewältigen, was heute vielfach »normal« ist: unter Einzelhaftbedingungen Tag und Nacht für ein Baby zuständig zu sein.

Heute ist das eigene Kind vielfach der erste Säugling, mit dem eine Frau zu tun hat. Das Schwinden der Großfamilie mag unser Sexualleben aus der drückenden Kontrolle einer erweiterten Verwandtschaft befreit haben. Aber es hat auch dazu geführt, dass die spielerischen Kontakte mit den Kindern anderer Frauen abgenommen haben und viel von einer selbstverständlichen Vertrautheit im Umgang mit Neuankömmlingen verschwand.

An ihre Stelle traten Experten, welche den Müttern beibringen, was sie tun und was sie lassen sollen. Solche Lösungen vernachlässigen freilich das meiste von dem, was wir über die Bedürfnisse von Säuglingen und Müttern wissen. Eine Mutter soll in der Lage sein, sich auf das und mit dem Kind zu freuen. Nur so kommt sie über die unweigerlichen Krisen und Mini-Katastrophen hinweg, die zu dem Prozess gehören, in dem ein auf die Welt der Jäger und Sammler vorbereitetes Geschöpf zum Kulturbürger wird.

> Eine Mutter soll in der Lage sein, sich auf das und mit dem Kind zu freuen.

Pflichtgefühl genügt nicht, um eine genügend gute Mutter zu machen; es erzeugt allenfalls eine perfektionistische Mutter, die sich selbst und ihre Kinder ein Leben lang mit Selbstvorwürfen traktiert.

Ein Kind, das von der Mutter nicht angenommen, sondern innerlich abgelehnt und aus Angst vor Strafe versorgt wird, hat unter primitiven Lebensumständen wenig Überlebenschancen. Es gibt entsprechende Beobachtungen von René A. Spitz aus einem Heim, das junge Mütter mit unerwünschten Schwangerschaften aufnahm, von denen manche die Neugeborenen von Anfang an emotional zurückwiesen.

Diese Säuglinge verfielen nach einigen Wochen in einen Lähmungszustand, den Spitz die anaklitische Depression nennt. Anfangs schreien sie noch; später verstummen sie oder wimmern nur noch leise. Sie liegen apathisch da, trinken nicht mehr und sterben, wenn nicht medizinische Hilfe eingreift. Ihr Zustand entspricht ziemlich genau dem der Liebeskranken in den Berichten der antiken Ärzte.

So wundert es uns wenig, wenn Eltern, die ihre Kinder verhungern lassen, später behaupten, diese seien still gewesen und hätten gar nichts essen wollen. Es ist eine gut begründete Vermutung, dass die starke Zunahme der Depressionen in den hoch entwickelten Gesellschaften damit zusammenhängt, dass sehr viel mehr Kinder in einem freudlosen Klima der Verpflichtung aufwachsen, körperlich versorgt, in ihrem Verhalten überwacht, eine Investition in die Zukunft. Statt sich zu freuen, dass ihr Nachwuchs gesund aus der Schule kommt und sich hungrig dem Mittagessen zuwendet, wird er mit Fragen drangsaliert, wie es denn gewesen ist. Denn nichts ist so gut, dass man es nicht verbessern muss, und ein Kind am allerwenigsten.

Anaklinein heißt anlehnen, zurücklehnen. Das Kind wird depressiv, weil es keine Mutter gibt, an die es sich anlehnen, mit deren Wohlwollen es verschmelzen kann. Im Neuen Testament wird *anaklinein* für das Verhalten der Gäste verwendet, die es sich bei einer Einladung am Tische bequem machen, indem sie sich zurücklehnen.

Die anaklitischen Depressionen der Kinder stehen für eine

Liebeskrankheit des Elternteils, der sie versorgen soll.[18] In normalen Liebesbeziehungen festigt sich die Bindung durch Austausch. Wenn unter der Last eines hinzukommenden Dritten dieser Austausch gestört wird, müsste der beim Kind verbliebene Elternteil dem Kind weiterhin das geben, was er vom einstigen Partner nicht mehr bekommt. Personen mit einer traumatischen Verunsicherung ihres Selbstgefühls sind dazu nicht in der Lage. Sie beneiden das Kind um die Fürsorge, die sie selbst nicht erhalten, und verweigern ihm eine Liebe, die ihnen selbst mangelt.

Solches Verhalten wirkt auf Außenstehende gestört. Aber es lässt sich nicht willkürlich abstellen, sondern verstärkt sich auch gegen bewusste Absichten, wenn traumatische Erschütterungen abgewehrt werden müssen. Seelische Traumatisierungen verletzen nervöse Strukturen, die älter sind als das reflektierende Bewusstsein. Nur unter günstigen Entwicklungsbedingungen entsteht die Fähigkeit des reifen Organismus, aus Kränkungen zu lernen. Unter ungünstigen wecken sie die Sehnsucht nach einer heilenden Welt, die enttäuscht werden wird – ein neues Trauma, das die Ansprüche an diese heilende Welt nicht mäßigt, sondern steigert.

Wenn ein Mensch seelisch schwer verletzt wird, kann er sich nicht mehr darauf einstellen, dass die Personen, von denen er sich abhängig fühlt, anders sind als er sie bräuchte. Charakteristisch für die Überlastung der Kränkungsverarbeitung ist eine gleichzeitige Aktivierung von Wut und Angst, verhaltensnäher: von Angriff und Flucht.

Wenn wir uns das Leben der steinzeitlichen Sammlerinnen und Jäger vorstellen, hat diese Reaktion ihren Sinn. Angesichts eines starken, nicht vertrauten Reizes antwortet ein wehrhaftes Säugetier mit Aggressions- und Fluchtbereitschaft. In Sekundenschnelle muss sich klären, ob es besser ist, die plötzliche Bewegung im Gebüsch als gefährlichen Feind oder als begehrte Beute zu deuten. Soll ich die Giftschlange erschlagen oder vor ihr fliehen? Soll ich mich vor dem sich nähernden Menschen verbergen oder ihm entgegentreten, weil wir gemeinsam einen besseren Braten erbeuten können als jeder für sich?

Wenn eine Traumatisierung die Kampf-Flucht-Reaktion schneller und heftiger auslöst, ecken die Betroffenen an und werden daher ihrer Umwelt nicht wieder sicher. Das setzt sich in Streit-Ehen fort, wo ein gekränkter Partner gerade in dem Augenblick zurückschlägt, in dem sein Gegenüber erschöpft um Frieden bitten möchte.

Traumatisierte haben ein besonders hohes Bedürfnis nach einer genauen Erfüllung ihrer Erwartungen. Es fällt ihnen schwer, kleine Kränkungen wegzustecken, um die Eskalation in große Kränkungen zu vermeiden. Es gibt in ihrer Welt keine harmlosen Abweichungen vom Ideal, keinen Flecken auf einer blütenweißen Weste, der ignoriert werden darf. Die kleine Kränkung wird mit ebenso maximalem Aufwand bekämpft wie die große.

Versagte Wünsche wecken bei gesunden Personen Intelligenz und Kreativität, um sie sich vielleicht doch noch zu erfüllen; bei traumatisierten Wut und Angst, weil sie die Situation als Paradigma erleben, als Hinweis darauf, dass sie eigentlich keinen Platz haben auf dieser Welt und zwischen ihren Bewohnern. In den zivilisierten Ländern führen allzu heftige schnelle Affekte zu Strategien der Vermeidung. Die Folgen sind Rückzug, Verweigerung von Kontakt, Schuld- und Schamgefühle, Verstummen und Versteinern.

Depressionen blockieren Gewaltäußerungen, indem sie diese gegen das eigene Ich richten. Wenn dieses Ich an allem schuld ist, kann die primitive Wut innerhalb eines geschlossenen Systems kontrolliert werden, auf Kosten der Beweglichkeit und Anpassungsfähigkeit der Person, die zu solchen Hilfsmitteln greift.

Hier wird auch der Zusammenhang zwischen der Symbiose und der behinderten Kränkungsverarbeitung deutlicher. Die Symbiose beruht auf der Illusion einer kränkungsfreien Verschmelzung, welche das Ich vor traumatischen Verunsicherungen und Ängsten schützt. Daher können auch die Grenzen des Partners oder der Partnerin nicht wahrgenommen werden.

Seit zehn Jahren versucht die 57-jährige Carola ihre Verstimmungen mit Antidepressiva in Schach zu halten. Die Depressionen haben begonnen, als das Geschäft insolvent wurde, das sie gemeinsam mit ihrem Partner aufgebaut hatte. Damals gelang es Carola, den Familienbetrieb vor dem Konkurs zu retten, indem sie ihren Vater dazu brachte, das überschuldete Unternehmen zu kaufen. Sie führte es zusammen mit ihm; ihr Ehemann wurde angestellt, die sexuelle Beziehung erlosch in den Enttäuschungen und vielleicht auch unter dem Einfluss der erneuten Nähe zu dem Vater.

Jetzt sucht Carola psychologische Hilfe. Weinend erzählt sie, dass ihr Mann Erich sie seit Jahren mit einer anderen Frau betrügt. Nachdem ihr gemeinsamer Sohn ausgezogen sei, habe sie gehofft, sie hätten jetzt wieder mehr Zeit füreinander. Erich hätte sie ein Interesse für andere Frauen nie zugetraut, da doch auch sie selbst auch nie an so etwas gedacht habe.

Carolas Symbiose mit Erich begann, als sie sich mit 15 Jahren aus der ständigen Überlastung durch ihre chronisch kranke, ansprüchliche Mutter löste. Erich kam diesen Wünschen entgegen, weil auch er in seiner Männlichkeit traumatisiert war. Er hatte sich mit 18 Jahren von einem gewalttätigen Vater getrennt und diesen angezeigt.

Carola fühlte sich durch Erich gestärkt und bemerkte nicht, wie bedürftig und ängstlich er war. Sie heirateten, als er sein Studium abgeschlossen hatte und das erste Kind unterwegs war. Erich machte sich als Kaufmann selbstständig. Er arbeitete rastlos, um das Geschäft aufzubauen; Carola half mit, so gut sie konnte und gab ihre eigene Praxis als Krankengymnastin auf.

Sie fühlte sich in der gemeinsamen Firma bald vernachlässigt, konnte darüber aber mit Erich nicht sprechen. Ihr Sohn wurde ihr ein und alles. Er erbte die symbiotische Beziehung. Erich fühlte sich von Carola gegenüber seinem Sohn zurückgestellt. Im Vater-Sohn-Kontakt belebten sich alte Ängste, die ihn hemmten und daran hinderten, Nähe zu dem Jungen zu finden. Er konnte darüber so wenig mit Carola sprechen wie sie mit ihm. Beide verschoben die Auseinandersetzung auf später.

Solche Entwicklungen zeigen, wie die Verletzung des kindlichen Selbstgefühls durch traumatisierte Eltern sozusagen tradiert wird. Verletzte Kinder binden sich später symbiotisch an ihre Partner. So können sie die eigenen Kinder nicht in ihre Beziehung einbinden. Da es den Erwachsenen beschämt, bedürftig und abhängig wie ein Kind zu sein, versuchen Symbiosepartner, sich diese kindlichen Wünsche »von den Augen abzulesen«.

Traumatisierte Eltern kommunizieren nicht über ihre Wünsche und Enttäuschungen. Ängste hemmen sie, sich mit den damit verknüpften Konflikten zu beschäftigen. Daher können sie entscheidende Qualitäten des reifen Narzissmus nicht entwickeln. Dieser beruht nicht auf einer Ausgrenzung oder kompletten Überwindung der kindlichen Bestätigungsbedürfnisse, sondern auf ihrer Integration.

Unreife Erwachsene geben sich souverän, bis sie an einer Depression erkranken. Im reifen Narzissmus koexistieren kindliche Allmachts- oder Verschmelzungsphantasie und erwachsener Realitätssinn. Sie durchdringen und ergänzen sich in Kreativität, in Humor und Ironie. Die Erwachsenen akzeptieren, dass die menschlichen Versuche, sich reif zu verhalten, immer wieder scheitern, aber auch immer wieder erneuert werden dürfen. Sie haben sich damit abgefunden und freuen sich sogar manchmal daran, dass der Prozess seelischer Reifung erst mit dem Tod endet.

Wo Eltern ihre kindlichen Bedürfnisse nicht erleben und in ihr erwachsenes Selbstbild einbetten können, wird die Regression sprachlos und daher unverständlich. Da es zum symbiotischen Repertoire gehört, die Grenzen des Partners nicht wahrzunehmen, wird seine Schwäche als absichtlich, als böse ausgelegt.

Wenn der junge Vater schlagartig todmüde wird, sobald er sich seiner Familie nähert, steckt darin eine sprachlose Konkurrenz um die Rolle des Babys, das doch ebenfalls gehätschelt und bewundert wird, ohne einen Finger krümmen zu müssen. Hier entspricht die Sprachlosigkeit der Eltern der des Babys. Da dieses darauf angewiesen ist, dass seine Bedürfnisse erraten werden, schwindet die Bereitschaft der Partner, Bedürfnisse des erwachsenen Gegenübers zu enträtseln.

Folgerichtig erleben die Partner einander jetzt als »kompliziert«, als schwer verständlich, als aggressiv und abweisend. Sie vergleichen ihr Gegenüber mit dem Baby. Dieses ist dankbar, der Partner aber undankbar. Es gelingt entweder beiden oder einem von ihnen, die Bedürfnisse des Kindes zu erraten und zu befriedigen. Hier sammeln sie umso eifriger Erfolgserlebnisse, als sie sich gegenseitig Misserfolgserlebnisse bereiten.

Je mehr ein Elternteil seine symbiotischen Bedürfnisse auf das Baby verlagert, desto weniger Anerkennung erntet er noch von dem anderen Elternteil und desto ausgeprägter wird er das Baby in den Mittelpunkt rücken.

Vor einigen Jahren hat die junge Frau als leidenschaftliche Liebhaberin ihren spröden Mann an sich gebunden. Jetzt, nach der Geburt des zweiten Kindes, sagt sie zu ihm: »Geh doch ins Bordell, wenn du das haben musst!«

Selbst in dieser Äußerung können wir noch die symbioti-schen Nöte aufspüren. Die junge Mutter fühlt sich schuldig, dass sie nicht genauso liebeslustig ist wie ihr Partner. Sie kann ihm nicht in aller Ruhe erklären, wie sie sich fühlt und was ihr wichtig ist. Sie stellt sein Problem in den Fokus ih-rer Aufmerksamkeit und sucht eine schnelle Lösung, die sie selbst als Frau entwertet. Sie sucht die Sexual-Amme *für ihn*, die ihn »stillt«.

Es gelingt ihr nicht, die Rollen der Liebhaberin und der Mut-ter getrennt wahrzunehmen. Sie erlebt, dass sie nur das eine oder das andere sein kann. Daher nimmt sie in ihrem Vor-schlag auch dem Mann gegenüber die versorgende Position ein. Sie ist auf die symbiotische Symmetrie angewiesen. Sie ärgert sich, dass er sie durch sein Begehren derart in Verle-genheit bringt und gegenwärtig nicht genauso viel Abstand von seinen sexuellen Wünschen hat wie sie. So straft und versorgt sie ihn in einem Atemzug, wünscht ihm eine Lieb-haberin, die allen Ansprüchen gerecht wird und entwertet ihn als Sexmonster.

4. ABHÄNGIGKEIT UND WUT

Die Müdigkeit der Väter lässt zwar Frauen und Kinder unzufrieden zurück, schützt diese jedoch auch vor Schlimmerem. Jährlich sterben in Deutschland vielleicht tausend Babys, vielleicht auch erheblich mehr an einem Schütteltrauma. Entdeckt werden nur die wenigsten Fälle. In einer Großstadt wie München sind es fünf bis acht pro Jahr. Früher wurden diese Kinder manchmal mit der Diagnose »plötzlicher Kindstod« als tragische Opfer jäh aufgetretener Infektionen begraben. Heute erleichtert eine Kernspintomographie die Diagnose. Dennoch bleibt die Dunkelziffer hoch. Der Gedanke, dass trauernde Eltern den Tod ihres Babys verursacht haben, will niemandem in den Kopf,

Es ist die dritte Ehe des 47-jährigen Managers, der im Herbst des Jahres 2007 in München-Stadelheim in Untersuchungshaft sitzt. Nach zwei fast erwachsenen Kindern aus erster Ehe trug er wohl schwer an der Beweislast, dass ein moderner Vater genauso gut für seine Kinder sorgen kann wie die Mutter, eine Psychologin, die ihm vor sieben Monaten Zwillinge geboren hat. Er hat den Beruf zurückgestellt, um sie zu entlasten; beide haben sich die Aufgaben so geteilt, dass sie tagsüber für die beiden Mädchen zuständig ist, er nachts.

In einer dieser Nächte kann der Vater den Schlaf seiner Frau nicht mehr beschützen. Er weckt sie um drei Uhr morgens: Eines der Babys liege schlaff in seinem Bettchen. Als der Kinderarzt kommt, ist das Kind klinisch tot. Es kann reanimiert werden, kommt in die Intensivstation einer Kinderklinik und stirbt dort nach wenigen Stunden. Die Obduktion ergibt eine Gehirnblutung mit Gehirnödem. Die Ursache: Ein Schütteltrauma.

Bei Babys ist die Nackenmuskulatur noch so wenig entwickelt, dass sie den Kopf aus eigener Kraft nicht halten können. Blutgefäße und Nerven sind so elastisch, dass in der Regel nicht viel passiert, wenn jemand einen Säugling ungeschickt trägt, sodass sein Köpfchen wegsackt.

Es gehören die Wucht und der Zorn eines psychisch überlasteten Erwachsenen dazu, um dem Baby das anzutun, was in den gerichtsmedizinischen Berichten als Schütteltrauma beschrieben wird. Die Halswirbelsäule wird überdehnt, Blutgefäße reißen, Wirbel brechen. Rudolf Wagner, Leiter des Fachkommissariats für die Misshandlung Schutzbefohlener in München, beschreibt die Folgen. In einem Fall riss die Brückenvene vom Auge zum Gehirn; das Baby wurde blind. Ein anderes Baby überlebte blind und taub; es kann nicht mehr schlucken und muss künstlich ernährt werden.

Die leichten Fälle werden häufiger als die tödlichen entdeckt. Wenn das Schütteltrauma auch das Atemzentrum lähmt, stirbt das Baby sofort. Da keine Verletzungen erkennbar sind, wird meist die Diagnose eines plötzlichen Kindstodes gestellt. Die Eltern haben dann meist schon vergessen, was sie vorher mit dem schreienden Baby gemacht haben. Sie in ihren Kummer hinein wegen Körperverletzung mit Todesfolge zu verfolgen, wird sich jeder Arzt überlegen, der den Totenschein ausstellen soll.

Denn die Eltern schütteln ihr Kind nicht, weil sie es schädigen wollen. Sie verhalten sich wie enttäuschte Liebende. Das gibt unter Erwachsenen blaue Flecke an den Oberarmen und erlaubt die Entschuldigung, sich immerhin nicht geprügelt zu haben. Schütteln ist keine Gewalt, besagt die Selbstrechtfertigung. Es ist der Versuch, Verhältnisse zu bessern. Vom geschüttelten Baum fallen die Früchte.

Der psychologische Hintergrund ist eine brisante Mischung aus Abhängigkeit und Wut. Da ist jemand anders, als ich ihn mir wünsche, als sie oder er sein müsste. Ich *brauche* es aber so sehr, dass sie oder er meinen Erwartungen entspricht! Daher gehe ich mit ihm um wie mit einem defekten Gerät. Vielleicht ist es ja nur ein Wackelkontakt! Ich schüttle ihn mir zurecht, voller Hoffnung, dass danach alles so läuft, wie es laufen müsste.

Es gibt beschauliche Sprüche über das Leben mit Kindern. Einer davon lautet:»Kinder sind Gäste, die nach dem Weg fragen!« Die Eltern möchten aus ihrem Schreibaby herausschütteln, endlich zu sagen, was es braucht und wohin es denn um alles in der Welt will. Sie würden ihm so gerne das Richtige geben, sie haben alles da, Fläschchen, Brust und Schnuller, Spielzeug so viel es gibt und die Bereitschaft, es herumzutragen und zu herzen.

Aber das Baby schreit und schreit. So kommt der Gedanke in den Elternkopf, dass da etwas falsch verdrahtet ist und durch energisches Schütteln an den richtigen Platz kommen soll. Gut geschüttelt, schon wird aus dem Schreibaby ein funktionierendes Kind, das den Eltern Freude macht, ihr Selbstgefühl stärkt und sie nicht mehr an Nachbarn denken lässt, die schon längst überzeugt sein müssen, dass die da drüben schlechte Eltern sind. Sonst würde doch ihr Baby nicht so lauthals schreien.

Affekte um das Baby

Babyschreien direkt ins Elternohr übersteigt die akustische Schmerzgrenze. Es besetzt eine Frequenz, die uns nach den Forschungen der Wahrnehmungspsychologen am meisten an die Nieren geht.

Es ist kein kleines Wunder der Verleugnung, dass Eltern Babys als »süß« in Erinnerung behalten.

Babys müssen sauer sein können. Das kleine Geschöpf ist ausgerüstet, um zu überleben. Es ist, als ob die Konstrukteure der Evolution eine Wahrheit berücksichtigt hätten, die heute von Medienwissenschaftlern gestreut wird: *Es gibt keine schlechte Publicity!*

Aufmerksamkeit zu gewinnen ist so wichtig, dass ein Baby alles tun muss, um das zu leisten. Wer nett und freundlich ist, gewinnt nur eine Hälfte der Aufmerksamkeit. Es funktioniert nur tagsüber, bei gutem Licht, niedlich zu sein und sich mimisch auszutauschen. Nachts hilft nur Geschrei, tagsüber ist es oft auch überlegen. Eine Mutter kann wegsehen, aber weghören kann sie nicht.

Wer nur freundlich ist und still, wird insgesamt weniger beachtet, weniger gestillt als das Kind, das durch süßes Lächeln *und* durch grausames Geschrei die Mutter nicht nur bezirzt, sondern auch einschüchtert, nervt und ängstigt.

Nur ein realistisches Baby-
Bild lässt uns angenehme
Überraschungen erfahren.
Erst wenn wir uns einem realisti-
schen Baby-Bild stellen, dürfen wir
uns wieder auf *angenehme* Überraschungen gefasst machen. Erwarten
wir also den schlimmsten Sklaventreiber, der je mit Zuckerbrot und Peitsche hantierte, ein cholerisches, reizbares
Geschöpf, das auch liebevoll ihm zugewandte und um sein
Wohlergehen redlich bemühte Mitarbeiter ohne jeden erkennbaren Anlass in Grund und Boden schreit. Rechnen
wir mit einem Baby wie mit einem Vorgesetzten, dem unser
Wohlergehen gleichgültig ist, der Überstunden fordert, ob
wir erschöpft sind oder nicht. Gewöhnen wir uns an ein an-
spruchsvolles Gegenüber, von dem wir nicht mehr Zuwendung erwarten als die schwäbische Ehefrau von ihrem Mann
(»Wenn ich nix sag, passt's!«).

Neulich sprach ich mit einer Kollegin, die über die Erziehung der Kinder im Dritten Reich forscht. Damals war Johanna Haarer die führende Ratgeberin. In ihrem Standard-
werk über *Die deutsche Mutter und ihr erstes Kind* empfahl
sie, Säuglinge schreien zu lassen, um sie an regelmäßige Still-
zeiten zu gewöhnen. Meine Kollegin verband diesen Rat mit
dem Bestreben der Nazi-Autorin, die Mütter zur Produktion
möglichst vieler Babys zu ermutigen.

Bis weit in die fünfziger Jahre hinein hielten sich Eltern an
diese Ratschläge. Danach setzte sich allmählich die Überzeugung durch, es sei grausam, ein Baby schreien zu lassen. Parallel dazu entwickelte sich die Fütterung *on demand*. Meine
Kollegin, 1947 geboren, erinnerte sich daran, wie ihre Mutter später erzählte, sie habe den Kinderwagen immer weitab

vom Haus in den Garten gestellt, um nicht durch Babygeschrei gestört zu werden. »Neurotischer als meine Patienten, die nach Bedarf gestillt wurden und den ganzen Tag auf dem Arm verbrachten, bin ich wohl auch nicht geworden«, sagte sie.

Wenn es für Erwachsene *leicht* wäre, ein Kind schreien zu lassen, hätten Sprüche wie »das kräftigt die Lungen!« niemals Konjunktur gehabt. Johanna Haarer müsste nicht so energisch für ihre strenge Haltung kämpfen und ihre deutsche Mutter gegen verwöhnende Großeltern wappnen, die so unmodern sind, ein schreiendes Baby aus dem Bettchen zu nehmen, auch wenn die Zeit der Fütterung noch nicht gekommen ist.

Die Bereitschaft, ein schreiendes Kind zu trösten, lässt sich so wenig abstellen wie die Voraussage zutrifft, schwere seelische Traumen seien die Folge, wenn Eltern nicht auf jedes Babyschreien reagieren.

Problematischer als einzelne Reibereien ist der Perfektionismus. Er kann zu Explosionen von Kränkung und Wut führen, die am Ende jene Babys gefährden, deren Eltern es besonders gut machen wollen.

> Problematischer als Reibereien ist Perfektionismus.

Es mag für die Entwicklung des Kindes günstiger sein, das Baby zu trösten und es nicht schreiend liegen zu lassen, bis der Fütterungszeitpunkt gekommen ist. Aber noch wichtiger ist es, das Baby wegzulegen, ehe die Aggression gegen den unersättlichen Störenfried alle guten Absichten entmachtet.

Der Mythos der perfekten Mutter

Bis in die Forschung hinein krankt die Diskussion über die beste Umgebung für das Baby an fürchterlichen Vereinfachungen, wie sie stets dort begehrt werden, wo emotionaler Druck traumatische Wucht gewinnt. Messen wir das Stress-Hormon bei Krippenbabys, vergleichen die Ergebnisse mit denen von Babys, die zu Hause gestillt werden und stellen fest, dass die Krippenbabys »objektiv« mehr Stress verkraften müssen? Oder, umgekehrt, studieren wir die geistige Entwicklung beider Gruppen, am besten mit Tests, welche auf die Frühförderung in der Krippe zugeschnitten sind, und finden heraus, dass die Krippenbabys in ihrer Intelligenzentwicklung vornedran sind? Können wir uns dann darauf verlassen, dass sie deshalb später in der globalisierten Konkurrenz Punkte machen?

Politiker wie Experten sind oft so von ihren Stoßrichtungen eingenommen, dass sie vergessen, derlei Oberflächlichkeit zu stoppen. Angesichts eines komplexen Geschehens wie der seelischen und körperlichen Entwicklung von Babys bedarf es beträchtlicher Distanz und Selbstkritik, um nicht grundsätzlich nur jene Forschungsergebnisse wahrzunehmen, welche die eigenen Vorurteile bestätigen.

Im Leben hingegen spielen alle Faktoren zusammen. Wer sich hier orientieren will, braucht nicht einzelne Ergebnisse, sondern einen Überblick. Dieser darf diesen Details nicht widersprechen, aber er muss sie gewichten.

Wenn wir die Forschungsergebnisse zur Frage der »Fremdbetreuung« gewichten und zusammenfassen, kommen wir zu einem Ergebnis, das auch dem gesunden Menschenverstand einleuchtet:

1. Am besten gedeihen die Babys, wenn sie von einer zufriedenen leiblichen Mutter betreut werden.
2. Am zweitbesten gedeihen die professionell betreuten Babys einer zufriedenen berufstätigen Mutter.
3. Am drittbesten gedeihen die professionell betreuten Babys einer unzufriedenen berufstätigen Mutter.
4. Am schlechtesten entwickeln sich Kinder, die einer unzufriedenen Mutter ausgeliefert sind.

An dieser Einteilung irritiert ein schwer fassbares Kriterium wie »Zufriedenheit«. Das sollte uns nicht davon abbringen, dieses zu verwenden, denn im Alltag der Erziehung bzw. des Zusammenlebens mit Kindern geht es genau darum. Zufriedenheit ist sozusagen eine Nullstellung, eine Basis, von der aus die einzelnen Krisen des Alltags eingeschätzt und bewältigt werden können. Wer zufrieden ist, kommt periodisch zu einem Zustand, der in der Biologie Homöostase genannt wird: dem Gleichgewicht mit seiner Umwelt, in dem Wachstum und Regeneration ungestört stattfinden.

Wer im großen Ganzen zufrieden ist, kann diesen entspannten Zustand, die Mitte zwischen der manischen Verleugnung des nicht ganz Guten und der depressiven Verleugnung des nicht ganz Schlechten immer wieder herstellen. Niemand ist völlig frei von Stimmungsschwankungen, aber so lange immer wieder eine Mitte gefunden werden kann, ist es auch möglich, diese zu verarbeiten. Es gibt einen Unterschied zwischen Normalität und Ausnahme, zwischen Krise und Katastrophe, zwischen dem wirklich gültigen Wort und dem in einer Laune übertriebenen.

Zwischen Eltern und Kind heißt das: Die Eltern können erkennen, dass ihr Kind zwar nicht alle ihre Idealvorstellungen erfüllt, aber auch nicht alle ihre Albträume.

Wenn Familien Humor entwickeln können, ist das ein recht verlässliches Zeichen für die Möglichkeit einer solchen Mittellinie zwischen Überschätzung und Unterschätzung. Dann wird es möglich, dass Adoleszente beispielsweise sagen, wenn sich der Vater über ein schlechtes Zeugnis aufregt, »es könnte doch auch viel schlimmer sein!« Oder die Siebzehnjährige darf die Vorwürfe der Mutter, weil sie später als versprochen und angetrunken von einem Fest nach Hause kommt, mit der Bemerkung quittieren: »Andere trinken noch viel mehr und werfen auch noch Tabletten ein!«

Und ebenso können die Eltern reagieren, wenn sie Vorwürfe treffen, dass sie im Bayerischen Wald und nicht in der Dominikanischen Republik Urlaub machen – »andere Kinder haben überhaupt keinen Urlaub!«

In J.R.R. Tolkiens Roman »Der Herr der Ringe« wird im ersten Band »Die Gefährten« beschrieben, wie die Gemeinschaft des Ringes aufbricht, um das Böse zu vernichten. Der weise Elrond sagt: »Je weiter ihr geht, umso weniger leicht wird es sein, zurückzukommen; dennoch wird euch kein Eid und keine Verpflichtung auferlegt, weiter zu gehen, als ihr wollt. Denn noch kennt ihr nicht die Stärke eurer Herzen und könnt nicht voraussehen, was jedem von euch auf der Straße begegnen mag.«

Damit ist einer der Gefährten, der Zwerg Gimli, nicht zufrieden. »Treulos ist, wer Lebewohl sagt, wenn die Straße dunkel wird«, protestiert er.

»Vielleicht«, entgegnet Elrond. »Aber lasst denjenigen nicht geloben, im Dunkeln zu wandern, der den Einbruch der Nacht nicht gesehen hat.«

»Doch mag ein geschworenes Wort das zitternde Herz stärken«, sagt hartnäckig der Zwerg.

»Oder es brechen«, entgegnet wiederum der Weise. Dann entlässt er die Wanderer.

Dieser Dialog zeigt die Problematik des Perfektionismus. Die Liebe zwischen Eltern und Kindern ist vielleicht noch stärker als die Geschlechterliebe von perfektionistischen Vorstellungen belastet. Die selbst auferlegte Verpflichtung orientiert sich nicht an Handlungen, sondern an Gefühlen: Das eigene Kind »immer zu lieben«, von diesem auch »mehr geliebt zu werden alles jede(r) andere« werden zum emotionalen Zwang, der durch bedrückende Fühl- und Denkverbote aufrechterhalten wird.

Menschenmöglich und erstrebenswert ist es, Handlungen zu unterlassen, welche den eigenen Kindern schaden. Aber niemals wütend, neidisch oder rachsüchtig zu sein – das ist eindeutig zu viel verlangt. Daher ist auch das »aufopfernde« Verhalten, das manchmal von Festrednern als mütterliche Qualität gepriesen wird, ein hochproblematischer Wert.

Aufopferung zu fordern ist ein Instrument der Machtausübung. Der General fordert sie von den Soldaten angesichts des Feindes; der Familienpolitiker von den Müttern. Stabile Beziehungen und seelische Zufriedenheit beruhen auf Austausch. Wer von sich und anderen Aufopferung fordert, respektiert dieses Bedürfnis nicht genügend und befürwortet instabile Zustände.

Die Mutter der Münchner Zwillinge, deren Vater unter dringendem Verdacht einer Körperverletzung mit Todesfolge an seiner fünf Monate alten Tochter verhaftet wurde, ist von Beruf Psychologin. Sie verweigert auf Anraten ihres Anwalts die Aussage. Aber es liegt nahe, einen Zusammenhang ihrer perfektionistischen Vorstellungen über den Umgang mit Babys mit der Entgleisung des Vaters herzustellen.

Die Mutter hat von ihm erwartet, sich als emanzipierter Vater zu verhalten und dem schreienden Kind jedes seelische Trauma zu ersparen. Und während er im Beruf die schwierigsten Probleme lösen konnte, scheitert er erbärmlich an diesem Baby.

Er unterdrückt seine Wut und macht weiter. Er darf doch in seinen und in den Augen seiner Frau nicht als ein schlechter Vater erscheinen, darf nicht zugeben, dass die bezahlte Kinderfrau, die Angestellte einer Kinderkrippe bekömmlicher wäre für sein eigen Fleisch und Blut! So fällt ihm schließlich ein, das Schreibaby, das ihn zum Versager stempelt, zu packen und zu schütteln. »Jetzt sieh endlich ein, dass ich ein guter Vater bin, jetzt sei endlich zufrieden und dankbar für meine Mühen!«

Um auf die Welt zu kommen, haben gesunde Säuglinge jede Menge Probleme in dem unheimlich komplizierten Geschehen einer Schwangerschaft bewältigt. Sie sind jetzt gerüstet, den Krieg gegen eine womöglich gleichgültige, unentschlossene Welt anzutreten. Sie haben nur wenige Waffen. Sie können strampeln. Und sie können schreien, schreien, schreien. Bis sie den Eltern glauben, dass diese es wirklich gut mit ihnen meinen, vergehen Monate und manchmal Jahre. Bis dahin verhalten sie sich cholerisch, jähzornig und misstrauisch.

Ein Säugling ist wie Urlaub auf Irland. Es regnet meistens, aber wenn dann doch die Sonne scheint, ist es einfach bezaubernd. Wer Kinder schreien lässt und kalt behandelt, friert den Sumpf ein, in dem Eltern stecken bleiben, die sich selbst nicht verlieren und doch dem Kind gerecht werden wollen. Er mag das Gefühl gewinnen, die Situation zu beherrschen, aber er lernt auch diese kurzen Glücksmomente nicht kennen.

In der Theorie wünschen sich beide Eltern ein zufriedenes Baby, ohne selbst unzufrieden und unglücklich zu werden, weil sie sich vom Partner im Stich gelassen fühlen. In der Praxis aber sorgen die müden Väter und die überlasteten Mütter dafür, dass ihr Liebeskonzept unter dem Babygeschrei zerspringt wie die Weckgläser im Schreien des Helden der »Blechtrommel«.

Es gibt Versprechungen, die Menschen in Krisen schutzlos lassen, ebenso wie Vergleiche, die Menschen auf Krisen vorbereiten. Ein solcher Vergleich stammt von Sigmund Freud, der gesagt hat, die Kultur würde Kinder so gut auf das Sexualleben der Erwachsenen vorbereiten wie jemand, der Menschen in Sandalen und Sommerkleidern auf eine Polarexpedition schickt.

Ähnliches lässt sich über das Zusammenleben mit einem Baby sagen: Die Versprechungen hören sich an, als reise man nach Florida und nicht nach Irland, ziehe in einen Urlaub und nicht in einen Krieg.

Gegen die sozialen Klischees der aufopfernden, der perfekten Mutter hat der britische Kinderarzt und Psychoanalytiker Donald W. Winnicott das Konzept der *good enough mother* gesetzt, der Mutter, die Fehler macht, aber insgesamt *gut genug* ist. Das ist ein lebensnahes Konzept. Eine perfekte Mutter, die in panischer Angst lebt, eines ihrer Kinder könnte jemals mit ihrer Bemutterung unzufrieden sein, lässt Familienfeste zu einem Albtraum werden, so lange die Kinder ebenso humorlos bleiben wie sie.

Auch die kriegerischen Metaphern übertreiben. Während der Urlaubsgedanke jedoch nahelegt, die Zeit mit dem Baby möglichst ungestört und alleine zu genießen, leitet der Vergleich mit dem Krieg uns an, strategisch zu denken, Rückzugsmöglichkeiten einzuplanen, Reserven vorzuhalten und vor allem für Wachablösung zu sorgen, ehe Schlafmangel und Unkonzentriertheit in die Niederlage führen.

Diese Niederlage ist eine Niederlage der Ehe so gut wie eine Niederlage in der Beziehung zum Kind. Perfektionistische Eltern, die sich gegenseitig für ihr Scheitern verantwortlich machen, sind für Kinder eine schwere Last. Scheidungen, mehr noch Entwertung eines Elternteils, belasten Kinder stärker als rechtzeitige Fremdversorgung. Ein Partner, der aufgeweckt nach Hause kommt und Energiereserven mobilisiert, ist ein Schatz für jede Familie. Und Eltern, die gelernt haben, sich gegenseitig zu schätzen, vermitteln dem Kind Zuversicht für sein künftiges Leben.

Im Bund das Vierte

Wer ein Kind »hat«, tritt in eine neue Phase seines Lebens. Es gibt zwischen Geburt und Tod vielleicht kein Ereignis, das eine derart ausdrucksvolle Zäsur setzt. Die menschliche Spezies hätte nicht überlebt, wenn sich nicht körperliche und seelische Entwicklung auf genau dieses Geschehen vorbereiten und zuspitzen würden. Wer sich ihm entziehen will, muss nachdenken und sich genau kontrollieren. Von ihm überwältigt zu werden kostet keinerlei Mühe, es macht sogar Spaß – und Angst.

Wenn ein Paar diese Angst überwunden, sich für ein Kind entschieden, Schwangerschaft, Geburt und Babyphase durchgestanden hat, steht es vor einer neuen Entscheidung: Soll es bei einem Kind bleiben?

Wie das ganze Entscheidungsdrama zwischen Zeugung und Geburt spiegelt auch dieses die Lasten, welche der wissen-schaftlich-technische Fortschritt einer menschlichen Psyche aufbürdet, die viel besser gerüstet ist, äußere Gefahren zu bewältigen als innere Ängste zu verarbeiten. Präsente Gefahren sind sinnlich wahrnehmbar. Sie wecken Kräfte, ihnen zu begegnen, Erfolgserlebnisse, wenn das gelingt. Ängste hingegen lassen, wie der Hydra des Mythos, einer eben durchdachten Gefahr zwei nachwachsen.

Besonders dramatisch sind Krisen durch das zweite Kind, wenn die Eltern überzeugt waren, sie hätten die Aufgaben doch tadellos bewältigt, vor die sie durch das erste Kind gestellt wurden. Wer den Umgang mit Menschen ähnlich konstruktivistisch sieht wie den Bau eines Hauses (»wir arbeiten an unserer Beziehung!«), wird sich angesichts des zweiten Kindes in der Illusion wiegen, er könne jetzt besonders gut machen, was beim ersten Mal aus Unerfahrenheit missriet.

Einzelkinder gelten oft (aber ohne wissenschaftlichen Nachweis) als schwierig und »egoistisch«. Vermutlich hält es selten einer Überprüfung stand, die Eltern hätten aus pädagogischen Gründen dem Erstgeborenen Geschwister verschaffen wollen. Glaubhafter scheint der Wunsch, sich weniger abhängig vom Gedeihen eines einzigen Kindes zu fühlen und generative Potenz zu beweisen. Wie dem auch sei – das zweite Kind bringt unerwartete Komplikationen.

Nach dem ersten Kind habe ich bald wieder angefangen zu arbeiten und habe eigentlich gar nicht wahrgenommen, dass mein Leben wirklich unterbrochen worden war, dass eine neue Phase begonnen hatte. Es ist ja auch leichter, ein Kind bei einer Freundin oder den Großeltern unterzubringen. Ich wollte nicht, dass Katharina als Einzelkind aufwächst, sie wünschte sich auch einen Bruder, seit sie reden konnte. So haben wir den Markus bekommen. Seither ist alles anders. Jetzt habe ich das Gefühl, ich bin nur noch Mutter. Ich habe nach der zweiten Schwangerschaft nicht mehr abgenommen wie nach der ersten, die Arbeit, die zwei Kinder machen, ist viermal so viel wie die durch Katharina – so kommt es mir wenigstens vor. Ich kenne mich selbst nicht mehr. Ich bin niedergeschlagen, ich fühle mich asexuell und unattraktiv, ich denke, dass mich mein Mann nicht versteht. Ich sitze in meinem Leben wie in einer Falle.

So eine 35-Jährige, die bis zur zweiten Schwangerschaft zusammen mit ihrem Partner eine erfolgreiche Werbeagentur geführt hat. Wie andere Frauen in ihrer Lage kann sie sich nicht erklären, weshalb sie die zweite Schwangerschaft als so viel einschneidender empfindet. Ihr Erleben ist kein Einzelfall. Viele Paare berichten, dass ihre Liebesbeziehung durch das erste Kind längst nicht so belastet worden sei wie durch das zweite. Einige sagen sogar, das erste Kind habe die Partnerschaft nicht angetastet. Verglichen mit den Belastungen nach dem zweiten Kind habe das erste wenig verändert und die Ehe sogar gefestigt.

In anderen Fällen hatten Partnerschaft und Erotik bereits unter dem ersten Kind sehr gelitten, sodass das Paar ein zweites Kind eher als Ablenkung oder als Versuch sah, auch unter widrigen Umständen die Familie nicht nur notdürftig zu erhalten, sondern zu vervollständigen. Manchmal wurde die bereits verlorene Erotik neu belebt, um dieses Ziel zu erreichen. Nach dem Eintreten der zweiten Schwangerschaft geht die gemeinsame Sexualität dann endgültig verloren und wird nicht wieder aufgenommen.

Aus den Paaranalysen Betroffener lassen sich Faktoren ableiten, die einzeln oder in Kombinationen die Belastung durch das zweite Kind ausmachen:

1. »Jetzt sind wir eine richtige Familie!« Während nach der ersten Schwangerschaft die Mutter improvisiert, das Baby öfter bei Freundinnen und Großeltern unterbringt, müssen die Partner nach der zweiten Schwangerschaft ihre Rollen neu organisieren. Jetzt erst entscheiden sie über Hausfrau/Hausmann und müssen unter Umständen mit knapperem Budget mehr Personen versorgen.

2. »Ich dachte, dass ein Kind nicht viel mehr Arbeit macht als zwei. Und jetzt denke ich, dass zwei viermal so viel Stress produzieren wie eines.« Eltern unterschätzen die Belastung, welche durch zwei Kinder entsteht. Sie haben erwartet, dass die Geschwister friedlich miteinander spielen und die Eltern dadurch Freiräume gewinnen. Stattdessen rivalisieren die Geschwister. Während das Einzelkind sich über Stunden allein beschäftigt hat, gibt es jetzt alle paar Minuten Streit und lautstarke Appelle an die Eltern, Partei zu ergreifen. Umgekehrt werden Geschwisterrivalitäten der Eltern belebt. Es bilden sind Bündnisse, welche die Partnerschaft belasten.

3. Im Unbewussten der Partner ließ sich das erste Kind in das symbiotische Geschehen einbetten, in Anlehnung an den mathematisch unsinnigen, psychologisch aber treffenden Satz »einmal ist keinmal« – *ein* Ereignis, das sich – so die emotionale Grundannahme – *nie* wiederholen wird, darf ignoriert werden. Das zweite Kind zerstört diese Illusion. Es lässt sich nicht mehr wegzaubern, dass es wirklich eine neue Generation gibt, die ihren Platz behauptet, Ansprüche stellt und nicht in eine Erweiterung der Primärsymbiose eingebettet werden kann.

Bei jungen Eltern, die noch dabei sind, sich in ihren beruflichen Rollen zu festigen, wächst ein erstes Kind oft bei Großeltern auf und sieht die leiblichen Eltern am Wochenende. Das zweite Kind steht dann für den Umzug, in dem sich die Familie ein zweites Mal gründet. Die Belastungen für alle Beteiligten sind erheblich. Sie betreffen vor allem die Erstgeborenen, die unter enormen Druck geraten, *glücklich* auf eine Veränderung zu reagieren, die sie in Wahrheit deprimiert, und sich über eine *richtige* Familie zu freuen, die sie vor allem als Tanz um das zweitgeborene Kind empfinden. Ich habe einige Male Patienten aus solchen Familien behandelt und ihre traumatische Situation rekonstruiert. Alle Beteiligten sind überlastet und verleugnen diese Überlastung. Sie erkranken unter dem Druck, Familie zu sein. Sie wollen sich und den Kindern Glück und Dankbarkeit angesichts der Zweitgründung aufzwingen.

In einem Fall bekam die Mutter nach der zweiten Schwangerschaft und dem Umzug in eine große, schöne Wohnung eine Angstneurose und konnte nicht mehr aus dem Haus gehen. Der Vater arbeitete pausenlos und trank nach Feierabend. Die älteste Tochter erledigte die Einkäufe und wurde geschlagen, sobald sie zu erkennen gab, dass sie es bei der Großmutter schöner gefunden hatte. »Du undankbares Kind, jetzt sind wir eine richtige Familie, und du willst zurück zu dieser Frau, die dir nicht einmal die Kletten aus den Haaren kämmte!«

Später entwickelte die Älteste eine Essstörung, an der sie fast gestorben wäre. Diese wurde behandelt und verschwand weitgehend; es war der Patientin aber immer noch nicht möglich, gemeinsam mit den Eltern zu essen; wenn es unvermeidlich schien, wie bei Familienfeiern, musste sie starke Beruhigungsmittel nehmen.

Die traumatisierte Erstgeborene heiratete und bekam ein erstes Kind. Der Spuk schien vorbei, die neue Familie stabil – bis das zweite Kind kam. Nach einem Wutausbruch ihres Partners, der sich zurückgesetzt fühlte, erkrankte sie wieder an Panikzuständen, fürchtete, verrückt zu werden, konsultierte Nervenärzte und brach die von diesen vorgeschlagenen medikamentösen Behandlungen wieder ab, weil sie fürchtete, von den Tranquilizern abhängig zu werden.

In einer Psychotherapie zeigte sich, dass die Angstzustände durch Störungen in der Verarbeitung von Aggressionen ausgelöst waren. Die Patientin fürchtete sich vor Phantasien, ihre Mutter, ihren Ehemann oder sich selbst umzubringen. Ihre Fähigkeit, zwischen aggressiven *Phantasien* und *Aktionen* zu unterscheiden war durch den Druck geschwächt worden, den das Phantasma der glücklichen Familie auf die Patientin ausübte. Es gelang ihr nicht, ihre Wut gegen die Eltern wahrzunehmen und als berechtigt zu akzeptieren.

Diese Szene hatte die Patientin verleugnen können, so lange sie sich mit ihrem Ehemann symbiotisch verbunden fühlte. Erst das zweite Kind überlastete ihre Abwehr und führte zum Ausbruch der Angst, durch ihre Wut angesichts der eigenen Überlastung und der »vernünftigen« Vorschläge des Ehemanns, ihren geliebten Beruf aufzugeben, die Familie zu zerstören: Sobald der bisher sanfte und verständnisvolle Partner eine aus seiner Sicht harmlose Drohung äußerte, (»Wenn du das nicht verstehst, kann ich mich ja gleich aufhängen!«) verknüpfte sich die kindliche Angst der Kranken mit der aktuellen Familiensituation.

Das Ideal der Familie kann destruktiv werden. Solange wir nur ein Kind haben, sind wir – bewusster Kummer, unbewusste Entlastung – noch keine »richtige« Familie. Die *richtige* Familie soll durch erhöhte Ansprüche an Glück, Harmonie und Geborgenheit, als Abkehr von Provisorium, Bastelei und sich Durchwursteln hergestellt werden.

Diese Erwartungen prallen auf eine Vielzahl von Stressfaktoren, welche die provisorisch um ein Kind organisierte Familie nicht kennt. Während die Ansprüche an Geborgenheit und Harmonie hochgeschraubt wurden, verlangt die Bewältigung der Geschwisterrivalität und die stärkere Profilierung des für die Kinder »zuständigen« Partners eigentlich sehr viel mehr als das Leben mit *einem* Kind nach Toleranz für Unvollkommenheiten.

Nach der Geburt des ersten Kindes sind zwei Entwicklungen möglich. In dem bisher hier beschriebenen Problemfall bindet sich *ein* Elternteil so eng an das Kind, dass sich der zweite ausgeschlossen fühlt, sich emotional von dieser Symbiose abspaltet und für neue Beziehungen öffnet.

Wie bedeutungsvoll dieser Fall ist, erweisen die bereits zitierten Statistiken. Oft aber verkraften Eltern das erste Kind scheinbar gut und scheitern erst am zweiten. Die Paaranalyse zeigt dann, dass es *beiden* Eltern gelungen war, sich an das Kind zu binden. Es lag zwar zwischen ihnen im Ehebett, aber beide Partner empfanden es als so große Bereicherung, dass es die Beziehung festigte. Die Enttäuschungen und Entzugserscheinungen durch den Verlust der bisher zwischen den

Partnern fließenden Bestätigung machten die Bindungsangebote des Neuankömmlings wett.

Wenn nun das zweite Kind geboren wird, differenzieren sich die symbiotischen Kreise erneut.

Bei der Geburt des zweiten Kindes bilden sich die symbiotischen Kreise erneut.

Beim ersten Kind gab es nur *eine* Möglichkeit, nur *ein* Kind, das alle Faszination an sich zog, welche die Dramatik von Zeugung, Schwangerschaft, Geburt und kindlicher Entfaltung auf das menschliche Gefühlsleben ausübt. Wenn die Eltern ihre Erlebnissphäre ausweiten wollten, hatten sie nur ein und daher auch ein gemeinsames Objekt.

Zwei Kinder, zwei Eltern, zwei Symbiosen – diese Szene ist nach der Geburt des zweiten Kindes zumindest eine Denk- und Fühlmöglichkeit. War das erste Kind der Magnet, der die Eltern zusammenhielt, so entsteht jetzt die Möglichkeit, dass jeder Elternteil seinen eigenen Magneten gewinnt und mit ihm eine Einheit bildet. In vielen Partnerschaften werden dann die Kinder angesichts der Aufgaben nach einer zweiten Geburt »verteilt« – der Vater kümmert sich um das »große«, die Mutter um das »kleine« Kind. Das ist vor allem dann eine brisante Mischung, wenn diese Symbiose ein aggressives Bündnis gegen die neu entstandene Symbiose richtet.

Rational gesehen sind beide Eltern dafür verantwortlich, dass ein erstgeborenes Kind jetzt mit einem Rivalen um die Aufmerksamkeit der Erwachsenen ringen muss. Aber nicht selten einigen sich der oder die Erstgeborene und »dessen« Elternteil darauf, dass dem Rivalen viel zu viel Aufmerksamkeit geschenkt wird. Sie verbünden sich. Die Familie zerfällt in zwei Symbiosen, die miteinander konkurrieren und um die Macht ringen.

Wenn das Erwachsenenprivileg der erotischen Bindung zwischen Vater und Mutter bereits instabil war, ist es jetzt vollends gefährdet. Dann erscheint es den Gatten »praktisch«, dass der Vater mit einer Tochter im Kleinkindalter im Kinderzimmer schläft. So kann die Mutter den Säugling nachts in ihr Bett nehmen und stillen, ohne jemanden zu stören.

Wer die Verluste an Nähe zwischen Eltern und damit die Vorboten des drohenden Scheiterns der Partnerschaft am Kind genauer untersucht, entdeckt spezifische Illusionen um das zweite Kind. Wie wir gesehen haben, fühlen sich Frauen oft erst nach der Geburt des zweiten Kindes auf die Rolle der Mutter festgelegt. Das trifft ein Paar besonders hart, wenn es sich von der zweiten Schwangerschaft eine Heilung des Defizits durch die erste erwartet hat.

Berichte von Eltern, dass zwei Kinder *mehr* als die doppelte Arbeit machen, stehen in krassem Gegensatz zu solchen Erwartungen. Vom Verlust der unbewussten Symbiose mit dem Partner verletzt, hoffen die Eltern, der erstgeborene Störenfried würde mit dem Neuankömmling eine entlastende Symbiose eingehen. So könnten die Eltern in die frühere Nähe zurückfinden, die sich mit dem Bild der »richtigen Familie« für jeden Partner auf manchmal unvereinbare Weise verknüpft – z.B. endlich einen »guten Vater« oder eine »zufriedene Mutter« zu gewinnen, an denen es gegenwärtig so schmerzhaft mangelt.

In der modernen, individualisierten
Familie prägt Rivalität die Beziehung
zwischen Geschwistern. Nähe und
wechselseitige Fürsorge müssen dieser Rivalität abgerungen
werden. Am wenigsten können das Eltern leisten, welche bereits durch die Aufgabe belastet sind, Rivalität in der Partnerschaft zu unterdrücken. Diese wurzelt im Eindringen des
Leistungsdenkens in die Intimsphäre[19]: Wer von uns beiden
ist (mehr) schuld daran, dass uns das Kind so viel Nähe gekostet hat? Wer hat als Vater/Mutter versagt? Wer verteilt die
Zensuren, wer wird zensiert?

Die durch diesen Kampf erschöpften Eltern stehen vor der
Aufgabe, mit der Rivalität zwischen dem ersten und dem
zweiten Kind umzugehen. Dabei haben sie insgeheim erwartet, dass das zweite Kind mit dem ersten in jene Symbiose
findet, die ihnen mangelt, und auf diese Weise auch die Eltern auf magische Weise sie von ihrer bisher noch latenten
Rivalität erlösen.

Die Folgen belasten alle Beteiligten. Ich habe einige Male
diese »zweiten Kinder« analysiert, die Zeugen des Zusammenbruchs der Elternliebe wurden und noch als Erwachsene
mit heftigen Ängsten zu kämpfen hatten, wenn sich etwas in
ihrem Leben veränderte. »Ich habe immer wieder gedacht,
ich bin schuld, dass der Vater ausgezogen ist«, sagte eine von
ihnen.

Da das zweite Kind oft am Ende einer Aufbauphase steht, in
der sich Eltern verschuldet haben, um der »richtigen« Familie den Rahmen zu verschaffen, sind auch die wirtschaftlichen Folgen einer Trennung bedrohlicher geworden. Die

Angehörigen schütteln den Kopf und zweifeln am Verstand von Paaren, die erst noch ihren Zusammenhalt durch eine zweite Schwangerschaft zu besiegeln schienen und sich danach doch trennen.

In der Paartherapie sind die Aussichten (wie zu erwarten) gemischt. Einerseits sind die Enttäuschungen oft immens. Die Paare müssen nicht nur die Kränkung verarbeiten, dass die erste Schwangerschaft ihre Liebe nicht befördert, sondern gefährdet hat. Sie stehen auch vor dem Scheitern ihres Reparaturversuchs und sind oft hinter den vorwurfsvollen Fassaden geknickt und verzweifelt.

Auf der anderen Seite spricht gerade dieser Reparaturversuch, den die »vernünftige« Umwelt nicht selten entwertet, für eine elementare Bereitschaft, Lebensmöglichkeiten zu realisieren und nicht schnell aufzugeben. Diese Qualitäten können für einen Neuanfang fruchtbar gemacht werden, wenn die Partner erst einmal verstehen, was mit ihnen geschehen ist.

Sobald es ihnen dann gelingt, sich von Schuldzuweisungen und den Ängsten zu befreien, als Sündenbock oder Liebesversager(-in) dazustehen, finden sie oft überraschend schnell wieder zueinander und heimsen, wie ich es erst jüngst wieder gehört habe, von ihren Kindern nach einem Familienurlaub das Lob ein, dass sie sich diesmal doch gar nicht mehr gestritten haben. Den Eltern war in diesem Urlaub nur aufgefallen, dass sich die beiden Söhne erheblich besser vertrugen als zuvor.

Großeltern als Belastung oder Chance

Als hätten junge Eltern nicht genug damit zu tun, ein Restchen Erotik und gemeinsamer Freizeit vor der Baby-Tyrannei zu retten, machen sich nach der Geburt auch andere Störenfriede bemerkbar. Haben bisher Eltern und Schwiegereltern das Paar weitgehend in Ruhe gelassen, weckt die Geburt des ersten Enkelkindes narzisstische Bedürfnisse der frisch gebackenen Großeltern. Kinder werden selten so, wie es sich die Eltern vorstellen.

Ohne viel nachzudenken, haben sie Erwartungen in das neue Leben projiziert, die viel mit eigenen Traumzielen zu tun hatten. Wer Arzt oder Sänger werden wollte und »nur« Handwerker oder Beamter geworden ist, denkt angesichts seiner Kinder unwillkürlich darüber nach, ob er sie nicht dazu bringen kann, seine Träume zu verwirklichen. Diese Erwartungsprojektion wiederholt sich dann an den Enkeln.

Das eigene Kind ist zwar die einschneidendste, aber nicht die erste Erfahrung mit dem Dritten, die einem Liebespaar bevorsteht. Wie die Eltern, Verwandten und Freunde des Partners »verdaut« wurden, nimmt die Möglichkeiten einer Bereicherung der Beziehung ebenso wie die Gefahrenquellen und Störungen durch das Dritte vorweg.

Diese Parallele lässt sich noch vertiefen. Großeltern können Hilfe leisten, damit ein Paar an der Krise durch das Kind nicht zerbricht. Andererseits können sie die entsprechenden Konflikte verschärfen, bisher verborgene Rivalitäten an die Oberfläche zwingen und sich schließlich als Partner-Ersatz anbieten: Dann vertreibt ein Bündnis aus einem Elternteil und dessen Großeltern den anderen Elternteil.

Peter ist Lehrer, studiert aber auch noch an einer Kunstakademie. Seine Freundin Kay arbeitet in einer Zeitschriftenredaktion. Sie wird schwanger – Peter erklärt energisch, er habe da zwar nichts dagegen, er würde sie auch finanziell unterstützen, so gut er könne, aber er könne sich auch nicht vorstellen, seine künstlerische Arbeit aufzugeben und sich auf Kays Vorschlag einzulassen, dass beide halb arbeiten und das Kind gemeinsam versorgen. Außerdem ist Kay die einzige Tochter, während Peter mehrere Brüder hat, von denen schon einige den Familiennamen an ihre Kinder weitergegeben haben. Deshalb möchte Kay, dass das Kind ihren Familiennamen trägt, wenn sie heiraten. »Warum heiraten?« sagt Peter trotzig.

Einige Jahre nach der Geburt des Kindes ist Kay in die Nähe ihrer Eltern gezogen. Das Kind trägt ihren Namen. Peter fühlt sich ausgeschlossen. Er sieht seinen Sohn nur sporadisch. Kay will ihn ihm nicht über Nacht überlassen, sie hat das ein einziges Mal zugelassen, danach war das Kind krank. Peter ist wegen einer Depression arbeitsunfähig; das Kunststudium hat er abgebrochen.

Wenn Söhne oder Töchter heiraten, ist das für die Eltern ein Verlust. Wenn diese einem Fremden geopferten Kinder nun Enkel bringen, erhebt sich die Frage, wem die Nachkommen »gehören«.

Großeltern, die sich gerne um ihre Enkel kümmern, sind eine Ressource; Großeltern, mit denen es Streit gibt, eine Plage. Solange der ägyptische Student mit seiner deutschen Partnerin deren liberale Familie besucht, seinen Charme und seine Sprachkenntnisse zur Geltung bringt und alle bezaubert, loben alle die interkulturelle Ehe. Aber während Verliebtheit immer das Versprechen enthält, Wünsche aneinander seien identisch, müssen Paare nach der Geburt eines Kindes oft erkennen, wie fremd sich ihre Familien geblieben sind. Kinder verführen jeden, der mit ihnen zu tun hat, zu einer brisanten Mischung aus eigenen Wünschen, wieder Kind zu sein, und Sehnsüchten nach Unsterblichkeit in der Weitergabe eigener Kostbarkeiten. Die Tünche des zivilisierten Umgangs blättert.

Bisher haben sich der Sohn einer evangelischen Pfarrfamilie und die Tochter eines fest im Katholizismus verwurzelten Landwirts gut verstanden. Sie haben sich in Asien kennengelernt, sich mit Yoga und Buddhismus befasst. Sie sind beide viel gereist und halten sich für weltoffen, weit entfernt von den engherzigen Traditionen ihrer Ursprungsfamilien. Als sie zusammengezogen sind und über Ehe und Kinder nachdenken, ist noch ganz klar, dass sie, wenn überhaupt, evangelisch heiraten werden, weil der Onkel des Bräutigams, der sie traut, die katholische Braut ohne jene kritischen Fragen aufnimmt, welche diese nach ihren Erfahrungen mit dem Dorfpfarrer von einst für unausweichlich hält.

Die Braut findet nach der Ehe Anschluss an eine katholische Pfarrei in der Großstadt, wo sie in einem Gesprächskreis über östliche Weisheit und christliche Überlieferung einen Pfarrer kennenlernt, der offen über seine Homosexualität spricht und ihr ein ganz neues Bild ihrer Kirche vermittelt. Auch ihr Mann lernt diesen Kreis kennen, kann aber mit der katholischen Mystik nicht viel anfangen.

Nach der Geburt eines Sohns überrascht die Mutter den Vater mit dem Wunsch, das Kind von diesem homosexuellen Pfarrer taufen zu lassen. Sie sei ihm in der evangelischen Eheschließung entgegengekommen, jetzt sei er dran! Es entspinnt sich ein heftiger Konflikt, in dem beide Partner Traditionen und Vorurteile beleben, die sie für längst überwunden hielten. Der Ehemann verweist darauf, dass der Sohn auf diesem Weg als Kirchensteuerzahler für eine reaktionäre Einrichtung enden werde. Der Streit mündet in einen Waffenstillstand. Die Partner einigen sich abzuwarten, bis das Kind ein eigenes Urteil in der Frage bildet, in welche Konfession es getauft werden möchte.

Die Geburt eines Kindes weckt häufig bisher latente Entwertungen und Rivalitäten zwischen Ehefrau und Schwiegermutter. Indem sie selbst Mutter geworden ist, wird die Partnerin des Sohnes von der Schwiegermutter als Konkurrentin wahrgenommen. So kann der Ehemann zwischen die Fronten zweier Mütter geraten, von denen jede ihre eigene Aggression damit rechtfertigt, sie verteidige doch nur ihr Kind.

Der 36-jährigen Juristin ist es nicht leicht gefallen, ihren Beruf zurückzustellen, um für ihren Sohn zu sorgen. So organisiert sie eine Tagesmutter, um wenigstens halbtags arbeiten zu können. Die Schwiegermutter ist entsetzt. Das Kind wird *schwere*

Schäden davontragen, das *weiß* doch jeder, das steht in *allen* Ratgebern! Der Ehemann versucht abzuwiegeln, seine Mutter sei nun mal so, sie meine es doch nur gut, mache sich eben Sorgen, vielleicht müsse seine Frau wirklich nicht so früh wieder arbeiten, wie sie es vorhabe.

Das Paar kommt in feindseliger Stimmung in die Beratung. Der Ehemann sagt wenig, wirkt trotzig, will sich nicht verbieten lassen, mit dem Dreijährigen über Weihnachten seine Mutter zu besuchen. Die Ehefrau hat geschworen, dass ihr diese Person nicht mehr ins Haus kommt. Neulich hat die Schwiegermutter, als der Kleine weinte, ihn ihr regelrecht weggerissen und in ein anderes Zimmer getragen, um ihn zu trösten. Sie weiß alles besser, zieht ihn viel zu warm an, gibt ihm Schokolade und beschwört ihn, der Mama nichts davon zu sagen, die verstehe das nicht. Dabei wolle *sie* ihr Kind *richtig* ernähren.

Sie hat jetzt einen auf Familienrecht spezialisierten Kollegen befragt, ob sie den Besuch des Vaters bei seinen Eltern nicht gerichtlich unterbinden könne. Dieser habe ihr empfohlen, doch lieber erst einmal einen Psychologen aufzusuchen.

Die Untersuchung der Vorgeschichte ergibt Einzelheiten, welche das schlechte Selbstgefühl der jungen Mutter verständlich machen. Sie hatte sich in der Pubertät nach einer Phase mit Essstörungen und heftigen Konflikten von ihrer eigenen Mutter getrennt, die sie kalt und ehrgeizig findet. Von *dieser* Großmutter ist noch nie ein Angebot gekommen, den Enkel zu betreuen – und von der Schwiegermutter nur das falsche! Anfänglich hatte die Ehefrau ein inniges Verhältnis zu ihrer Schwiegermutter aufgebaut, die ihr warmherziger schien als ihre eigene Mutter. Jetzt fürchtet sie, dass die Großmutter bei Sohn und Enkel Stimmung gegen sie als kalte, ehrgeizige Person macht.

In der Paartherapie gelingt es, der klugen, aber von tiefen Zweifeln an ihrer Liebesfähigkeit beherrschten jungen Mutter zu verdeutlichen, dass sie ihre eigenen Verlassenheitsängste auf Kind und Ehemann projiziert. Da sie ihre eigene Mutterbindung als wenig fest erlebt hat, kann sie gar nicht wahrnehmen, wie verlässlich sowohl ihr Ehemann wie ihr Sohn an sie gebunden sind und wie wenig die Schwiegermutter als ernsthafte Konkurrenz gesehen werden muss.

Die Situation verbessert sich, seit der Ehemann aktiver wird und nicht mehr passiv versucht, es sowohl seiner Ehefrau als auch seiner Mutter recht zu machen. Er tritt männlicher auf, strukturiert die Familie, vertritt die Berufstätigkeit seiner Frau als eigenen Wunsch gegen die Großeltern und riskiert einen humorvollen Gegenangriff: Er wolle für seinen Sohn eine beruflich engagierte Mutter und keine Hausfrau, die sich bei ihren Kindern darüber beklage, dass sie nicht genug beachtet und anerkannt werde.

Der 38-Jährige kommt aufgewühlt in die Beratung. Er ist ein erfolgreicher, international operierender Geschäftsmann. Seine Frau habe ihn vor Kurzem verlassen, weil er ohnehin immer auf Geschäftsreise sei. Er nehme ihr das nicht übel, aber er wolle auf gar keinen Fall, dass die Kinder (zwei Buben, einer im Kindergarten, einer im Grundschulalter) darunter leiden sollten. »Ich kann doch meine Kinder nicht bei meiner Mutter lassen.

Das ist nicht der richtige Einfluss. Sie hat mir das Leben schwer genug gemacht. Ich hab als Kind einfach abgeschaltet, ich musste alles alleine machen. Sie hat es mir nie verziehen, dass ich der Sohn des Mannes bin, der sie verlassen hat. Was immer ich tat, sie musste ein Etikett draufkleben, ein moralisches Urteil fällen, in dem sie gut dastand und ich schlecht.

Zurzeit ist es ganz schwierig. Ich habe genug damit zu tun, dass mich Eva verlassen hat. Wir wollen das wirklich gut machen, die Kinder sollen da keinen Schaden davontragen, sie sollen wissen, dass wir beide absolut hinter ihnen stehen. Als ich es meiner Mutter sagte, reagierte sie ganz typisch: *Na gratuliere, das hat mir ja gerade noch gefehlt!* Als ob ich *ihr* was angetan hätte.

Sie denkt immer nur an sich. Sie zerstreitet sich mit allen Leuten. Ich halte es nur aus mit ihr, indem ich ganz abschalte. Ganz förmlich bin. Vielleicht hat sich meine Frau deshalb von mir getrennt. Ich habe wenig Zugang zu meinen Gefühlen. In den zwei Monaten, seit sie weg ist und ich mehr aufmache, hat sich bei mir mehr getan als in den letzten zwanzig Jahren, was die Offenheit in Beziehungen angeht.

Ich würde am liebsten die Kinder ganz von ihr fernhalten. Aber das geht nicht. Ich habe viel Arbeit, und Eva will ja auch mit ihrem neuen Mann zusammen sein. Aber es ist doch so wichtig, dass die Kinder da keine falschen Einflüsse haben. Und meine Mutter sagt natürlich: ›Eure Mutter ist eine Schlampe, eine Ehebrecherin.‹ Dann ist sie aber wieder zuckersüß zu Eva, weil sie Angst hat, dass sie die Enkel nicht mehr sieht.«

»Und was sagen die Enkel? Gehen die gern zur Oma, oder merkt man ihnen an, dass es ihnen nicht gefällt und sie lieber bei der Mutter bleiben würden?« »Nein, die Enkel sind ganz zufrieden, die sind gerne bei meiner Mutter, sie ist glücklich, wenn sie jemanden versorgen kann, nur finde ich, dass sie ihnen die falschen Werte vermittelt – sie ist irgendwie nicht die richtige Frau, ich will nicht, dass meine Kinder so werden wie sie.«

Der Einfluss von Großeltern wird überschätzt, weil sich in der Identifizierung mit den eigenen Kindern Erinnerungen an Hilflosigkeit und Auslieferung gegenüber den Eltern – und damit jetzigen Großeltern – wiederholen. Großeltern sind weniger machtvoll als Eltern. Auch erleben Großeltern die Enkel weit weniger als Erziehungsaufgabe als einst die eigenen Kinder.

Perfektionistische Eltern vergessen, wie genau bereits kleine Kinder Erwachsene gewichten können. Sie erkennen, wo die weichen Punkte der Bezugspersonen liegen und entwickeln ein humorlosen Eltern verdächtiges Konzept, sie gegeneinander auszuspielen.

Der oben zitierte Vater ist besorgt, seine Kinder würden durch die abschätzigen Urteile der Großmutter über die Mutter verunsichert und den Eltern entfremdet. Aus seiner Erinnerung heraus, wie sehr es ihn störte, wenn seine Mutter den Vater entwertete, kann er nicht erkennen, dass seine Kinder – anders als er selbst – nicht *gezwungen* sind, die Großmutter ernst zu nehmen.

5. DIE GEMEINSAME VERARBEITUNG DER BABYKRISE

Es ist Unsinn,
sagt die Vernunft.
Es ist was es ist,
sagt die Liebe ...

Es ist unmöglich,
sagt die Erfahrung.
Es ist was es ist,
sagt die Liebe.

Erich Fried

Kitsch und Pathos haben auch ihre Wahrheiten. Ich muss gestehen, dass die meisten poetischen Äußerungen über die Liebe in mir eher gequälte Gefühle auslösen. Auf diesen Begriff zu verzichten und ihn durch ein analytisches oder systemisches Konzept völlig zu ersetzen, missfällt mir ebenso. Am meisten scheint sich in der therapeutischen Arbeit eine Mischung aus analytischer und emphatischer Betrachtung zu bewähren – Distanz von dem Versuch einer rationalen Machtübernahme so gut wie von der emotionalen Vernebelung.

Menschen sind genetisch auf ein Leben in einer gefährlichen Umwelt vorbereitet. Sie reagieren blitzschnell auf äußere Gefahren, während sie Gefahren aus ihrer Innenwelt verharmlosen. In Paarbeziehungen ist die erste, spontane Reakti-

128

on auf eine Kränkung fast immer: »*Du* hast mir das angetan!« Wir kämpfen lieber gegen äußere Feinde, statt zu erkennen, wie wir diese durch unsere Projektionen schaffen.

»Ich habe Tag und Nacht geschuftet, habe alles getan, um genug Geld heranzuschaffen, dass ihr ein schönes Leben habt!«, sagt der ehrgeizige Oberarzt zu seiner Partnerin, die mit zwei Kindern in einem Vorstadthaus lebt und über den Zustand ihrer Ehe klagt.
»Ich habe dir zwei Kinder geschenkt und bin zu Hause geblieben, so habe ich mir mein Leben nicht vorgestellt!«
Einem wohlwollenden Dritten gegenüber würde der Arzt gestehen, dass er seinen Beruf niemals missen möchte, würde die Frau zugeben, dass sie sich ein Leben ohne Kinder nicht vorstellen kann. Aber dem Partner gegenüber stellen sich Opferphantasien ein, alles sei ihr/ihm zuliebe geschehen und werde nicht anerkannt.

Psychotherapeutische Hilfe in einem Paarkonflikt muss gegen die Tendenz ankämpfen, das Problem als eines der Außenwelt – lies: des Partners oder der Partnerin – zu definieren, es ausschließlich dort wahrzunehmen, ebenso ausschließlich dort an einer Veränderung zu arbeiten.
Zu realistischem Vorgehen ermahnt, sehen die Partner ein, dass es absurd ist, von der Therapie die Verwandlung des Partners zu erwarten. Sie geben zu, dass es kaum möglich ist, erwachsene Menschen zu erziehen. Sie begreifen, dass Vorwürfe, Druck, Drohung und Gewalt keine angemessenen Mittel sind, um Menschen zu bewegen.

Beim nächsten »Fehlverhalten« des Partners treten Vorwurf, Druck und Drohung wieder auf den Plan. Der Therapeut muss zufrieden sein, wenn diesmal wenigstens die Gewalt unterbleibt. Er wird geduldiger mit seinen Patienten umgehen und diese vielleicht auch zu mehr Geduld mit ihrem Streit bewegen können, wenn er sich und ihnen klarmacht, dass die Wahrnehmung der »Schuld« des Partners an einer unbefriedigenden Situation wie eine Autobahn vor uns liegt, während wir den Weg zu unseren eigenen Fehleinschätzungen, zu verleugneter Kränkbarkeit und kindlicher Bedürftigkeit durch finstere Wälder bahnen müssen.

Glück und Gefahr liegen in der modernen Liebesbeziehung eng beieinander, weil es wenige Regulierungen gibt, die in Krisensituationen eine Regression aufhalten können. Die arrangierte Ehe als Vertrag zwischen sozialen Gruppen trug dazu bei, dass dramatische Gesten – sowohl des Angriffs wie des Rückzugs – erst einmal in ihren Folgen für eine äußere Macht – die eigene und die Sippe der Partnerin bedacht werden mussten.

Heute schaffen Paare ihre eigene Beziehungswelt und isolieren diese gegen die Ursprungsfamilien. Das verstärkt die Abhängigkeit und steigert den Druck von Idealisierungen. Vor allem können solche Beziehungen den Einbruch eines Dritten schlecht regulieren. Die Gefahr ist groß, dass sie ihn als Verrat am einstigen Ideal der Gemeinsamkeit deuten und in einen Teufelskreis geraten, in dem sich die bisherige Symbiose auflöst.

Paare schaffen eine eigene Beziehungswelt und isolieren sich gegen ihre Ursprungsfamilien.

Die Sehnsucht nach Harmonie

Wir hören's nicht, wenn Gottes Weise summt,
wir schaudern erst, wenn sie verstummt.

Hans Carossa

Vielleicht wird man einmal die an der Kränkungsverarbeitung beteiligten Hirngebiete so genau erfassen können, dass sich die extrem ausgeprägten individuellen Unterschiede in dieser Leistung erfassen und mit der Art und Weise verknüpfen lassen, in denen das Gehirn frühere verletzende Erfahrungen gespeichert hat. Gegenwärtig erscheint diese Erkenntnismöglichkeit noch in weiter Ferne; wir müssen uns mit dem behelfen, was Menschen erzählen, und akzeptieren, dass viele Ursachen im Dunkeln bleiben.

Manche Menschen können Kränkungen ungleich besser abschütteln und zur lustvollen Tagesordnung zurückkehren als andere, denen das Ereignis tagelang nachgeht. Diese sind von dem Empfinden geprägt, dass die Welt nicht mehr in Ordnung ist, sie sich nicht entspannen, nichts genießen dürfen, ehe sie wieder die nötige Harmonie zurückgewonnen haben.

Die symbiotische Qualität dieser Sehnsucht leuchtet ein. Die Betroffenen haben ein urtümliches Modell der Kränkungsverarbeitung nicht überwinden können: das der Anlehnung und Verschmelzung.

Stellen wir uns ein Kind vor, das beim Spielen im Hof von einem anderen heftig geschlagen wird und diesen körperlichen wie seelischen Schmerz nicht erträgt. Die archaische

Zweiteilung der Reaktionen wurde schon beschrieben, mit deren Hilfe wir solche Situationen verarbeiten: Kampf oder Flucht. Das Kind kann entweder blindwütig auf den Gegner losgehen und sich rächen – mit der Gefahr, noch mehr Prügel einzustecken. Oder es kann Hilfe suchend nach Hause laufen.

Ich war vielleicht sieben Jahre alt, als mein zwei Jahre älterer Bruder Ernst im Januar beim Schlittschuhlaufen auf der Ilz bei Passau durch den Zusammenstoß mit einem erwachsenen Eisläufer verletzt wurde. Das hintere Ende von dessen Kufe drang in seinen Oberschenkel, er blutete heftig. Ich lief nach Hause, zur Mutter, einen relativ weiten Weg, in einer Art kalter Panik – ich hätte bei ihm bleiben sollen, aber ich musste Hilfe holen, vor allem aber brauchte ich den zentralen Trostpunkt meiner Welt, nachdem der periphere, nicht selten als Rivale bekämpfte Bruder ausgefallen war.

Die Szene, in der ich die Wunde sah und diesen Entschluss fasste, ist mir in lebhafter Erinnerung. Ich *musste* diesen Anblick zu meiner Mutter tragen und *durfte* nicht bei dem Verletzten bleiben, was ich ebenfalls wollte, aber nicht zu leisten vermochte. Ich konnte ihm nicht helfen, und ich konnte die Schwäche meines Bruders nicht ertragen, was mich als Schuld, als Versagen auf dem Heimweg beschämte. Es scheint mir auch bezeichnend, dass meine Erinnerung in dem Augenblick erlischt, als ich angekommen war.

Der Schock des Blutes hat sich eingeprägt, aber sobald das Trauma bei meiner Mutter deponiert war, hatte es sich erledigt. Sie wusste bereits Bescheid, jemand in der Arztpraxis, wohin mein

Bruder gebracht worden war, hatte einen Nachbarn angerufen, der schon ein Telefon besaß.

In der Kleinstadt war Jahrmarkt, den die Siebenjährige alleine besuchen durfte, ihr Taschengeld in der Faust. Es gab ein Karussell, an dem eine mechanische Orgel spielte, ein mit Silber- und Goldfarbe reich geschmücktes Ding. Daran waren verschiedene Figuren angebracht, die im Takt der schmetternden Musik auf Glocken und Tamburine schlugen.

Die Siebenjährige fand das wunderschön und konnte sich nicht sattsehen. Aber allmählich mischten sich Kummer und Schuldgefühle in ihre Begeisterung. Da genoss sie etwas so einzigartig Schönes, was es sonst nirgends auf der Welt gab, sie tat das ganz alleine, ganz egoistisch, das durfte sie nicht. So lief sie nach Hause, bettelte, die Mutter solle mitkommen und das Wunder teilen, weinte, als die Mutter behauptete, keine Zeit zu haben.

Schließlich kam die Mutter mit. Als sie vor der Orgel standen, konnte das Kind nicht mehr übersehen, dass die Mutter sein Glück nicht teilte. Sie fand die Orgel kitschig, die Musik banal. Es gäbe keinen Grund, so viel Wesens um das Ganze zu machen, was sie sich immer nur einbilde! Von diesem Augenblick an verlor auch das kleine Mädchen die Freude an der Orgel und an dem Jahrmarkt.

Dieser Bericht stammt von einer Analysandin. Sie litt an Panikzuständen und einer Herzneurose. Es wäre voreilig, diese Symptome auf die beschriebenen Kindheitserfahrungen zurückzuführen. Aber die Szene vor der Jahrmarktsorgel kündigt die spätere Neurose an. Sie zeigt die Angst eines Kindes, das den ursprünglichen Glauben verloren hat, dass die Erwachsenen da sind, wenn es sie braucht. Das Kind muss für die Mutter sorgen. Es muss sich anstrengen, sie nicht zu verlieren. Der angstfreie Raum, in dem die Tochter lebte, hatte sich dramatisch verkleinert. Hingabe weckte Angst. Das Kind fürchtete sich, die eigene Begeisterung für die Musik und die schönen Figuren auszukosten, ohne an die Mutter zu denken.

Eine neue Sicht auf den Ödipuskomplex

»Es macht nichts, wenn du meine Schwester lieber hast als mich. Schließlich habe *ich* ja den Papa!«
Diesen Satz hat die heute 50-jährige Carla im Alter von fünf Jahren gesagt. Sie verbindet ihn mit einem Vorwurf gegen die Mutter, welche ihr immer die ältere Schwester vorgezogen habe, gegen die Schwester, die sie nach dem Tod des Vaters um ihr Erbe geprellt habe. Sie sei das Papakind gewesen, die Schwester das Mamakind. Die Schwester hätte auch zur Mutter gehalten, als der Vater fremdging und die Mutter ihn zur Räson gebracht habe, indem sie den Namen und die Adresse der Geliebten auskundschaftete und drohte, das Verhältnis beim Arbeitgeber zu denunzieren.

Carla erzählt diese Geschichte in einer Therapiegruppe, in der einige Frauen Erfahrungen damit haben, als Kinder in den

Ehekonflikt der Eltern hineingezogen worden zu sein. Wer die Dynamik in den Familien des 21. Jahrhunderts verstehen will, muss das Konzept des Ödipuskomplexes erweitern. Es geht nicht nur um Liebe, Hass und Begehren, sondern auch um Narzissmus – um die Frage, ob die Eltern idealisiert werden können, ob sie als Vorbilder aufgenommen werden oder ob das Kind eigene Gegenentwürfe zu diesen Eltern idealisiert und sich mit diesen Bildern identifiziert.

In den Untersuchungen zum Helfersyndrom[20] geht es um eine spezielle Form dieser Gegenbilder: um einen idealen Elternteil, mit dem sich das Kind identifiziert, um Mangelerlebnisse mit den realen Eltern auszugleichen und anderen zu geben, was ihm selbst fehlte. Nicht weniger wichtig ist die Dynamik der Symbiose und der Suche nach einem Selbstobjekt, um in einer erotischen Beziehung Verletzungen des Selbstgefühls auszugleichen, die durch frühe Empathiedefizite vonseiten der Eltern entstanden sind.

Es ist schwer zu entscheiden, ob Freuds Untersuchungen zum Ödipuskomplex unvollständig waren oder ob sich inzwischen durch die fortschreitende Individualisierung der innere Druck in den Familien verschärft hat. Freud begann mit der Beobachtung, dass viele seiner Patientinnen über sexuellen Missbrauch durch den Vater berichteten. Parallel dazu analysierte er seine eigenen Träume und entdeckte, dass er im Alter von drei bis vier Jahren durch seine Mutter erotisch angezogen war und Angst hatte, der Vater könne ihn für diese unbotmäßigen Wünsche kastrieren.

So entstand die Konstruktion über die Frühblüte der kindlichen Sexualität und ihre Bewältigung angesichts der Gefahren der Kastration bzw. des Liebesverlustes. Ebenso Sprachkünstler wie Empiriker, prägte Freud für die Emotionen zwischen dem Kind und den Eltern den Ausdruck »Ödipuskomplex«. An der Fruchtbarkeit dieser Entdeckung wird niemand zweifeln, der nicht polemisch gegen sie eingestellt ist. Nicht ohne Grund ist der Ausdruck Teil der Umgangssprache geworden. Vorurteilsfreie Beobachter sehen, wie ungestüm die erotischen Äußerungen von Kleinkindern sind. Freud hat die Aufmerksamkeit für diese prägenden Perioden des Lebens geschärft und entwickelt.

Auf der anderen Seite ist sein Modell unvollständig, einseitig und provisorisch. Es konzentriert sich auf die Phantasiewelt des Kindes. Um diese klar zu fassen, hat Freud später die *Bedeutung des Verhaltens der Eltern*, ihrer Verführungen und Ansprüche zurückgestellt – Kritiker sagen: bagatellisiert. Und er hat darüber hinaus die *Interaktionen* zwischen den sexuellen Störungen in der Ehe der Eltern und den ödipalen Gefühlen der Kinder in einer Weise ignoriert, die heute fast bizarr anmutet (etwa in seinem »Fragment einer Hysterieanalyse« über den Fall »Dora«).

Die oben beschriebene Szene mit dem fünfjährigen Mädchen, das der Mutter und der Erstgeborenen stolz mitteilt, es habe ja den Papa als sicheres Eigentum, wäre ganz harmlos, wenn nicht auch in diesem Fall bereits die Geburt des ersten Kindes die Ehe in eine nie ganz geheilte Krise und Entfremdung zwischen den Eltern geführt hätte.

Die Mutter fühlte sich vom Vater verlassen und enttäuscht; sie suchte deshalb die Nähe der ältesten Tochter, zog sie in ihr

Vertrauen, entwertete mit ihr den Vater und schloss die Zweitgeborene ebenso aus diesem Bündnis aus, wie auch diese, an-
gespornt durch die Rivalität mit der Erstgeborenen, den Vater
für sich zu gewinnen glaubte. Vielleicht hat sie sogar etwas von
dessen Verführbarkeit geahnt.

Den hier vorgeschlagenen Blick auf Familien nennen wir
heute »systemisch«, um die wechselseitige Abhängigkeit der
Beziehungen und der Symptome zu betonen. Nun ist *jede* intelligente Betrachtung psychologischer – das heißt ja auch
immer: komplexer und interdependenter Ereignisse – systemisch, muss sich darauf konzentrieren, Wechselwirkungen
und Rückkopplungen zu erfassen.

Das Kind als Richter

Die Familie in der modernen Gesellschaft gleicht der rö-
mischen Republik insofern, als sie grundsätzlich von zwei
gleich Mächtigen regiert wird. Formal haben Vater und Mutter die gleiche Befugnis. Bei den Römern hatte das Konsulat
die Königsherrschaft abgelöst, welche angesichts der ihr in-
newohnenden Gefahren von Hochmut und Willkür durch
diese Zweierspitze ersetzt wurde.
Diese grundsätzliche Doppelspitze (es gab zwei Tribunen,
Quästoren usw.) wurde durch die *Diktatur* aufgehoben. In
besonderen Krisen, wenn das Überleben des Staates auf dem
Spiel stand, wurde *ein* Herrscher berufen, der allerdings nur
die *Hälfte* eines Jahres im Amt bleiben durfte.

Eine solche Organisation berücksichtigt das Wissen um Korrumpierbarkeit durch Macht. Allerdings ist sie auch aufwendig und anfällig für Störungen; alle Entscheidungen müssen abgestimmt werden. Da jeder Partner der Zweiermacht ein Vetorecht gegen die Entscheidung des anderen hat, geht oft gar nichts vorwärts. Um diese Pattsituation zu vermeiden, führten die Römer schließlich sozusagen durch die Hintertür doch die verschmähte Monarchie wieder ein; Cäsar und seine Nachfolger waren auf Lebenszeit ernannte Diktatoren.

In einer der häufigsten Formen der Eltern-Beschädigung durch das Kind wird das Kind angesichts der von ihm ausgelösten Krisen und Liebesdefizite zum unfreiwilligen Schiedsrichter, zum Kitt, zur einzigen Brücke der Elternbeziehung. »Wenn du nicht wärst, hätte ich nicht geheiratet, wäre ich nicht geblieben!« Das Kind soll entschädigen für den Symbiosebruch, der mit seinem Erscheinen verbunden wird. Obwohl es das schwächste Glied der Familie ist, wird ihm die Machtfülle des Diktators zugeschrieben.

Das klingt übertrieben und ist es auch, weil diese Form kindlicher Macht von Ohnmachtserlebnissen durchmischt ist, die weit über das hinausgehen, was ein Kind in dieser Hinsicht normalerweise erlebt. Ein Kind, das sich mächtiger erlebt als die Mutter oder der Vater, das von diesen als Helfer gesucht wird, steigt höher und stürzt viel tiefer als seine Altersgenossen. Es wird in Größenvorstellungen stimuliert und muss mit heftigsten Schuld- und Versagensgefühlen bemerken, dass es doch nicht in der Lage ist, das Defizit der Eltern zu beheben. Dickfellige und geistig träge Kinder eignen sich für die Rolle des Retters und Schiedsrichters eines entzweiten Elternpaares schlechter als intelligente und kreative, deren Entwicklung Alice Miller in ihrem Text über »Das Drama des begabten Kindes« festgehalten hat.[21]

Die Fälle, in denen es in einer Familie zu sexuellem Missbrauch kommt, sind verwandt. Der strafrechtlich unscheinbare, »nur« narzisstische Missbrauch ist nicht weniger schädlich, aber erheblich schwerer zu durchschauen. Ein festes erotisches Band zwischen den Eltern und ihre Bereitschaft, die anstehenden Probleme gemeinsam anzugehen, *ehe* die Kinder mit ihnen konfrontiert werden, sind in ihrer Bedeutung für die seelische Entwicklung kaum zu überschätzen. Väter, die sich an ihren Töchtern vergreifen, Mütter, die ihren Sohn gegen einen väterlichen Sexualdämon mobilisieren sind eine böse Garantie für Selbstgefühlsstörungen.

Freud beschreibt, wie der Ödipuskomplex bewältigt und eine innere Struktur aufgerichtet wird, indem sich der Sohn mit dem Vater, die Tochter mit der Mutter identifiziert. Das wird kaum gelingen, wenn der Vater als lüsterner Grobian, als nur an Geld und Karriere interessierter Verräter an der Liebe seiner Frau dasteht oder wenn die Mutter als Putzteufel dargestellt wird, der eine saubere Küche wichtiger ist als Liebe und Zärtlichkeit.

Durch die Identifizierung mit dem Vater oder der Mutter gewinnt das Kind einen inneren Halt, ein Stück narzisstischer Selbstversorgung. Diese wird es später in der Situation dringend benötigen, um die es hier geht. Angesichts des Verlustes eines in bestätigender Symbiose bezogenen Partners bräuchten Mütter wie Väter ein autonomes Reservoir an narzisstischer Bestätigung.

Dieses ermöglicht, die eigene Mutter- oder Vaterrolle zu entwickeln, ohne dafür nur Anerkennung zu ernten. Vor allem durch den Anspruch auf Bestätigung von außen aufgrund innerer Defizite an Halt und Selbstreflexion wachsen Beschädigungs- und Entfremdungsgefühle der Eltern in jungen Familien.

Die unsichere, von den Anforderungen ihrer neuen Rolle überlastete Mutter möchte möglichst viel Halt und Einfühlung vonseiten des Vaters. Sie findet in der Erinnerung an das Verhalten der eigenen Mutter nur den Druck, es unbedingt anders und besser zu machen.

Der frisch gebackene Vater hat vielleicht die Schwangerschaft seiner Frau als Bestätigung seiner Männlichkeit, seiner Potenz erlebt. Jetzt kränkt es ihn, dass das Baby mehr Aufmerksamkeit findet als er. Er fürchtet seinen Platz im Mittelpunkt der Aufmerksamkeit seiner Partnerin für immer zu verlieren und kann nicht wahrnehmen, dass sie glaubt, die Zuwendung für sein Kind sei Zuwendung für ihn.

In ihren ödipalen Identifizierungen verunsicherte Männer und Frauen ziehen sich gegenseitig an. Sie verbindet die Angst vor seelischen Verletzungen und das Streben nach einer perfekten Liebe, in der solche Verletzungen niemals vorkommen werden. Solche Paare erleben die Erweiterung und Erhöhung des Selbstgefühls durch eine Liebesbeziehung besonders intensiv. Wenn jeder Partner sehr viel Sicherheit braucht, wird er in der von Aufbruchsstimmungen getragenen Anfangssituation einer Liebesbeziehung überzeugt sein, sie gefunden zu haben.

So bestärken sich die Partner gegenseitig und trauen sich zu, über die Beschädigungen und Einschränkungen zu triumphieren, die sie seit ihrer Kindheit verfolgen und bedrohen. Das kann sich schon während der Schwangerschaft verändern. Wenn beispielsweise die wechselseitige sexuelle Bestätigung unbewusst an Bilder einer garantiert nicht »mütterlichen« Idealfigur gebunden ist, hapert es in den späteren Monaten der Schwangerschaft mit der Erotik.

Sobald eine in ihrer Erotik unsichere, gegen ihre Mutter eingestellte junge Frau sich als werdende Mutter dick und unattraktiv imaginiert, bräuchte sie eine gesteigerte Zuwendung des Partners. Der ödipale Sieger, d.h. der Sohn, der zum Liebling der Mutter wurde, den sie dem Vater vorgezogen hat, steht aber unter dem Druck einer besonders intensiven Abwehr inzestuöser Phantasien. Seine zur Mutter werdende Partnerin weckt diese Abwehr. Er verliert sein erotisches Interesse, ohne zu ahnen, warum. Er rationalisiert es als Schonung der Schwangeren, als Rücksicht auf die Schmerzen der Mutter im Kindbett, als Verständnis für Stress und Überlastung der stillenden Frau, als Reaktion auf die Störungen, die vom Kind ausgehen können.

Der zurückgezogene Partner weckt nur selten Bemühungen, ihn aufzutauen, ihn zu verführen, ihn mit seinem Schicksal als Opfer eines Verlustes an symbiotischer Aufwertung zu versöhnen. Im Gegenteil. Er erntet, was er sät: Rückzug, Ablehnung, Kritik.

In einem der ältesten bekannten Liebesgedichte in deutscher Sprache wird von dem Schlüssel gesprochen, der das Herz aufschließt.[22] Liebende, die als Kinder an der Aufgabe scheitern mussten, den Ödipuskomplex zu bewältigen und die

Fähigkeit zu gewinnen, sich selbst auch ohne dauernde narzisstische Versorgung von außen als genügend gute Frauen und Männer zu fühlen, erinnern an dieses Lied insofern, als auch für sie das Schlüssel-Motiv gilt.

Der Partner, mit dem Ehe und Schwangerschaft gewagt werden, hat den Schlüssel gefunden, das Herz aufzuschließen. Aber daraus ist nicht die feste Bindung entstanden, von der das Lied spricht. Sondern der Schlüssel würde immer wieder gebraucht. Ohne ihn erlebten sich die Partner nicht als fähig, ihr Gegenüber zu lieben.

Wenn dieser Schlüssel verloren geht, bleiben die Partner füreinander verschlossen. Sie finden nicht mehr zueinander und laufen so Gefahr, das Muster zu wiederholen, das ihre eigene Kindheit belastet hat: die übermäßig enge Bindung an ein Kind und die Entwertung des enttäuschenden Partners.

Steigende Scheidungszahlen

Zwei liebevoll verbundene Eltern sind zweifellos das Beste für ein Kind. So gesehen ist es beklagenswert, wenn sich Eltern trennen. Kleine Kinder sind erschüttert, können nicht mehr einschlafen, betteln, dass Papa und Mama doch zusammenbleiben. Größere Kinder und Jugendliche fürchten sich eher vor den praktischen Nachteilen; es gibt weniger Geld und Komfort im Haushalt, streitende oder unglückliche Eltern sind lästig, verlangen Zuwendung, wo es doch viele Dinge gibt, die für die Heranwachsenden interessanter und wichtiger sind.

Aber eine Trennung hat auch Vorteile. Sie zerreißt Tarnnetze, in denen sich Kinder oft hilflos verfangen. Sie verleiht Eltern Kontur, die sie verloren haben. Dadurch reifen Möglichkeiten, sich mit ihnen auseinanderzusetzen. Daran können Kinder ihre eigene Beziehungsfähigkeit entwickeln und eine Autonomie gewinnen, die ihnen verloren geht, wenn sie einen Elternteil stützen müssen, der nicht nur zu ängstlich ist, sich zu trennen, sondern auch zu schwach, die Verantwortung für eine unglückliche Ehe zu tragen.

Die Familienanalyse widerspricht der Vorstellung, dass es *immer* besser für die Kinder ist, wenn Ehen bestehen bleiben. Nicht die Beständigkeit einer Ehe festigt die seelische Gesundheit der Kinder, sondern die Fähigkeit der Eltern, ihre Konflikte unter sich auszumachen und sie nicht Dritten aufzubürden.

> Es ist nicht immer besser für Kinder, wenn konfl kt-beladene Ehen bestehen bleiben.

Wenn diese Fähigkeit gegeben ist, schadet es den Kindern nicht, wenn Eltern zusammenbleiben, obwohl ihre Liebe erloschen ist.

Sobald aber eine Mutter oder ein Vater vertraulich einem Kind erklärt, nur ihm zuliebe bleibe es bei einem bösen, minderwertigen Partner, der die eigenen Lebensträume zerstört hat, wäre die Trennung gesünder. Das sagen die betroffenen Kinder, wenn sie später psychologische Hilfe benötigen. »Ich habe jede Nacht gebetet, dass sich die Mama endlich trennt!« »Wenn der Vater doch einmal Manns genug gewesen wäre, zu sagen, nicht mit mir, ich gehe!«

Es belastet ein Kind, wenn Mutter oder Vater die Verantwortung leugnen, welche sie bewogen haben, gerade mit diesem

Partner die Elternschaft zu wagen. Der narzisstische Dämon betritt mit dem Wort »Eigentlich« die Bühne. »Eigentlich war ich auf dem Weg, eine große Künstlerin zu werden, ich hatte schon eine erste Ausstellung. Dann aber habe ich Vater geheiratet, bekam euch. Mein Leben war vorbei. Er denkt ja nur an sich!«

Wer zum Bundesgenossen eines gekränkten Elternteils wurde, hat es schwer, die Basis für einen Austausch zwischen Menschen zu gewinnen, in dem jeder zu seinem Recht kommt. Einerseits verwöhnt, hat er die Größenphantasie nicht abbauen können, als Kind einen Erwachsenen derart schwach zu erleben. Ein ödipaler Sieger ist wichtiger als der entwertete Elternteil. Aber die Kehrseite der Omnipotenz ist die Ohnmacht: das zum Partnerersatz gewordene Kind stürzt jäh in Erfahrungen, zu versagen, überlastet von Aufgaben, die nicht einmal ein Erwachsener erfüllen, wohl aber klar zurückweisen könnte.

Unter Erwachsenen findet nicht viel Gehör, wer einen Ehepartner für seine Leiden verantwortlich macht. »Warum hast du sie/ihn denn geheiratet?« wird gefragt und damit an die Verantwortung appelliert. Wenn Kinder von einem Elternteil zum Komplizen seiner Enttäuschungen gemacht werden, entwickeln sie erst spät diese Widerstandskraft.

Der Erwachsene könnte sich von dem Ansinnen distanzieren, eine Rolle in einer Opferphantasie zu übernehmen. Das Kind hingegen nimmt diese Phantasie ernst und sucht nach Trost für den Vater oder die Mutter, die so gekränkt und verzweifelt auftreten. Es solidarisiert sich mit dem Elternteil, der auf diese Weise seine Nähe sucht, es dämonisiert den vermeintlichen

Täter bzw. die Täterin. Damit verliert es diesen als Halt, um einer drückenden Abhängigkeit zu entgehen und die Familie nicht mehr durch die Augen eines Opfers zu betrachten.

In Analysen ist es oft ergreifend zu verfolgen, wie ein bisher verachteter und entwerteter Täter, sobald das ungute Bündnis mit dem Opfer durchschaut und gelöst ist, ganz andere Seiten zeigt, als bisher wahrgenommen werden durften. Der cholerische und krankhaft geizige Vater hat sich dann fast über Nacht in einen großzügigen und gefühlvollen Menschen verwandelt. Er behauptet, er habe sich von seinem Sohn nur deshalb zurückgezogen, weil er glaubte, die Mutter würde sonst durchdrehen.

Wenn gekränkte Eltern nicht die Verantwortung für ihre Partnerschaft übernehmen und sich darüber klar werden, ob sie an der Ehe festhalten oder diese auflösen wollen, versuchen sie sozusagen beides zugleich. Sie entwerten die Ehe und halten doch an ihr fest. Diese Situation muss die Kinder verwirren.

Semantische und ökonomische Ebene werden gespalten. Obwohl die Ehe in der Bedeutung, welche sie haben müsste, nicht besteht, existiert sie doch als ökonomische Gemeinschaft weiter. Sie ist sozusagen gleichzeitig verschwunden und vorhanden. Dem Kind kann nicht deutlich werden, weshalb die Eltern beisammenbleiben.

Um sich seine Zuwendung zu verschaffen, behält der Elternteil, der den symbiotischen Pakt mit dem Kind sucht, das Gute für sich, das er nach wie vor vom Partner bekommt: Geld, Geschenke, wirtschaftliche Sicherheit, soziales Ansehen, manchmal sogar eine trotz allem noch funktionierende

Sexualität.[23] So wird es für die Kinder zum dauernden Rätsel, was die Eltern zusammenhält.

Oft reagieren sie darauf mit dem tief verankerten Vorsatz, sie selbst würden sich beim kleinsten Zeichen einer der Störungen trennen, welche die Ehe der Eltern in einen derartigen Schatten gerückt haben. In dieser Phantasie wurzelt dann später die Neigung, sich angesichts der kleinsten Trübung einer Verliebtheit zu trennen, nur um nicht in dieselbe Falle zu geraten wie die Eltern.

Romantik und Realität

In der jüdischen Sage vom Golem wird etwas vom Rätsel der symbiotischen Kränkungen fassbar. Ich will sie hier aufgreifen, um einer sehr problematischen Auffassung dieser Elternkrisen zu begegnen: Dem Bild eines Versagens an Willen und Entschlusskraft. Es kann den Übeln nicht nur nicht steuern, sondern vertieft sie auch. Hier gilt der Einwand gegen den Schwur, der einen Menschen nicht stärkt, sondern sein Selbstvertrauen zerbricht.

Es ist nicht in Ordnung, wenn Eltern ihren Kindern dadurch schaden, dass sie sich unreif verhalten. Aber wer hier moralisierend eingreift, verkleinert die Übel nicht.

Der Golem ist ein künstlich geformter Mensch, der sich magisch belebt, wenn man ihm einen Zettel mit einem Zauberwort (nach manchen Überlieferungen der geheime Name Gottes) in den Mund legt. Dann tut er mit großer Stärke und Ausdauer alles, was ihm aufgetragen wird.

Ähnlich belebt sich auch die symbiotisch geprägte Liebe in einem Paar wie durch Magie, wenn ihr der richtige Zauber zugeführt wird. Und sie erlischt auf dieselbe Weise, wenn ihr dieser Zauber entzogen wird. Daher gelingt es dem symbiotisch gebundenen Sexualpartner nicht, realistische Lösungen nach dem Modell des kleineren Übels zu finden. Entweder muss alles wieder gut sein, oder es ist alles nichts. Der gekränkte Partner muss erst den Zauberzettel wiederhaben. Daher verfolgt er beispielsweise die Partnerin, die ihn verlassen hat und die nichts mehr von ihm wissen will. Oder er sucht in dem Kind, das schließlich diesen Verlust in Szene gesetzt hat, einen Ersatz, um den Schaden zu beheben, so gut es geht.

Wer den Zauber der Symbiose benötigt, der kann ohne ihn weder lieben noch sich lösen, auch wenn er weiß, dass es klüger wäre, das zu tun. In abergläubischen Zeiten erklärten die Menschen solche Vorgänge durch Hexerei, durch einen Liebestrank oder anderen Zauber.

So ist der Rat, um einer gelingenden Elternschaft willen die romantische Verliebtheit durch eine alltagspraktische Liebe abzulösen, leicht gegeben und schwer getan. Verliebtheit ist nicht ein Kleid, das sich nach der Hochzeit zusammenfalten und in den Schrank legen lässt, um künftig in Kittelschürze oder Blaumann den Alltag anzupacken. Sie klebt zäh, als Versprechen, in unserem seelischen System und definiert Mindestforderungen: »Du weißt doch genau, dass … und wenn du das ignorierst, dann liebst du mich nicht richtig!«

Allerdings ist in dem Kind auch ein Mitspieler aufgetreten,

der die Situation entlasten und erleichtern kann. Denn das Kind hat von allen Beteiligten den sichersten Abstand zu romantischen Flausen und semantischen Fixierungen. Es lebt von Augenblick zu Augenblick. Wer es genau beobachtet, kann von ihm lernen, sich grundsätzlich keine kleine Chance für Genuss und Entspannung verderben zu lassen.

Gut funktionierende Familien arbeiten nicht weitgehend reibungslos wie ein Uhrwerk. Ihr Innenleben charakterisiert ein emotionales Klima, das sich erhaben als fehlerfreundlich, geprägt von Toleranz und Humor beschreiben lässt, vulgär und alltagsnah aber als Durchwursteln von einer Krise zur nächsten.

Gut funktionierende Familien arbeiten nicht wie ein Uhrwerk, sondern wie ein Durchwursteln von einer Krise zur nächsten.

Ihre Liebe zu den Kindern ermöglicht modernen Eltern einen Reifungsprozess, den eine Psychoanalyse für jene, die ihn auf diese schlichte Weise nicht haben können, umständlicher und manchmal auch unvollkommener leisten wird. Das Kind, mit dem ein Erwachsener leben will, ist als Lehrmeister in der Kränkungsverarbeitung dem therapeutischen Experten in der Regel überlegen. Allerdings gelingt diese Lehrzeit nur dann, wenn sich die Partner einigermaßen von naiven kindlichen und symbiotischen Ansprüchen distanzieren können. Nur dann vermag jeder für sich ungestört aus der Begegnung mit dem Kind das Nötige zu lernen.

Ich habe versucht, mit Begriffspaaren wie Semantik/Ökonomie und Romantik/Realität zu verdeutlichen, wie in der Ehekrise durch das Kind die Fähigkeiten der Eltern gefordert sind, sich an eine Situation anzupassen, die unerwartete Forderungen stellt. Diese Anpassung gelingt umso schlechter, je stärker sich bei den Erwachsenen perfektionistische Erwartungen ausprägen, wie ihr Leben und ihre Beziehungen auszusehen haben.

Der Gegensatz von Semantik und Ökonomie umschreibt die rechthaberische Dimension, die in Partnerkonflikten so häufig dominiert. Wenn wir uns vorstellen, dass an einem Abend Eltern und Kinder gesund und gesättigt in warmen Betten liegen, ist unter ökonomischen Gesichtspunkten etwas geleistet, was auf gar keinen Fall verachtet werden darf. Unter dem Gesichtspunkt des Perfektionismus ist hingegen all das wertlos, »wenn die Beziehung nicht stimmt«.

Während ein ökonomisches Vorgehen Austausch grundsätzlich besser findet als dessen Verweigerung, ist es für das semantische sehr charakteristisch, den Austausch zu verweigern, zu verstummen, um den Partner zu zwingen, sich aus der aktuell ihm zugeschriebenen menschlichen Unmöglichkeit zur Möglichkeit[24] zurückzuverwandeln. Wenn Eltern nicht mehr miteinander sprechen und die Kinder mit Botschaften losschicken, ist das ein Zeichen für diesen Zustand. Wenn er länger als einige Stunden andauert, ist die Beziehung in einer gefährlichen Krise.

Aus der Sicht des Perfektionisten ist die ökonomische Lösung von Familienproblemen nach dem Modell des größten Nutzens und des kleinsten Schadens erbärmlich. Entweder ist es eine gute Beziehung, dann stimmt die Partnerschaft »wirklich« und erfüllt den Merkspruch, der vor der Hochzeit aus der Bibel gewählt wurde – oder die Beziehung ist schlecht, der Partner bekommt kein gutes Wort, bis er den Zustand wiederhergestellt hat, den er doch versprach.

Je weniger Humor die Partner entwickeln können, desto überzeugter sind sie auch, dass der gepriesene »gute« Zustand der Beziehung eine in kritischer Prüfung gefundene Wahrheit ist. Es ist ihre persönliche Wahrheit, die jedoch selbstverständlich von allen Rechtgläubigen geteilt würde. Solange ein Paar diese perfektionistische Auffassung zu zweit kultiviert, fällt die Störung der Krisen- und Kränkungsverarbeitung oft nicht auf.

Manchmal wird sie nicht nur verleugnet, sondern durch eine romantische Selbstidealisierung erhöht, die später, wenn das Paar zerfallen ist, wie Blei an den Partnern hängt. Wie haben sie sich erhaben gefühlt über andere, die sich über so erbärmliche Themen wie Geld oder Sex stritten, die Schwiegermutter an Heiligabend ausluden oder getrennte Schlafzimmer hatten!

In der seelischen Realität sind Beziehungen dann gut, wenn wir das von ihnen glauben. Wenn das Kind ein Bild malt, lächeln wir, sobald es dazu sagt, es sei das schönste der Welt. Wir verzeihen ihm, dass es sein Allerweltsgekritzel so aufwertet. Einen Kunstmaler, der mit derselben Geste auftritt, werden wir nicht so gnädig beurteilen.

Angesichts unserer Liebesbeziehungen ist es weise, die Überzeugung des Kindes zu behalten. Das eigene Kind, der/die eigene Geliebte sind die wichtigsten Menschen der Welt. Je besser es uns gelingt, den Glanz der Idealisierung über unsere realen Liebesverhältnisse zu gießen, desto wohler fühlen wir uns auch. Es gibt hier keine kritische Autorität, welche über die Überzeugung der Beteiligten hinaus angefragt werden muss.

Kinder sind nicht perfekt. Sie bieten den Erwachsenen eine Chance, zu erkennen, wie hohl und einengend deren eigene Vorstellungen vom richtigen Leben sind. Wo diese Entwicklungsmöglichkeit von den Eltern nicht angenommen wird und die Erwachsenen erwarten, das Kind müsse sich ausschließlich an sie anpassen, wird dieses zu einem Härtetest für den Perfektionismus der Eltern.

Konflikthafte Kinderlosigkeit ist kein brauchbarer Ausweg aus diesem Härtetest. Sie belastet in der Regel das Paar *noch mehr* als ein Kind. Sie legt dem Partner eine Bürde auf, der sich ein Kind wünscht und keines haben soll. Sie verzagt angesichts der infantilen Macht der Symbiose und raubt den Partnern wichtige Entwicklungschancen.

Das gilt vor allem für die Beziehungen, in denen sich eine Frau ein Kind wünscht und ein Mann sie zum Abwarten nötigt. Er ist noch nicht soweit, er ist ja nicht grundsätzlich dagegen, aber bitte nicht jetzt und auch nicht in den nächsten Jahren und überhaupt zu keinem Zeitpunkt, der sich festlegen lässt! Ein Ultimatum sei doch eine sehr lieblose Sache, und wenn sie das nicht einsehe, bitte sehr, sie könne sich natürlich einen anderen suchen, das stehe ihr jederzeit frei. Männer sind hier nur allzu bereit, ihre ganze Skepsis einer Partnerin aufzuladen. Es kann dann geschehen, dass sie die Bürde trägt, bis es für sie zu spät ist. Sie könnte freilich auch die Last abschütteln, ohne sein Einverständnis schwanger werden und nun den Mann nötigen, zu akzeptieren, was geschehen ist oder sich von ihr und seinem Kind zu trennen.

Annemarie und Klaus lernen sich kennen, als Klaus gerade frisch geschieden ist. Seine zwei Söhne leben bei ihrer Mutter. Klaus sagt Annemarie nachdrücklich, dass er auf gar keinen Fall noch einmal Kinder will. Wenn sie mit ihm etwas anfangen wolle, müsse klar sein: Feste Beziehung ja, Kinder nein. Annemarie steckt mitten in ihrer Weiterbildung zur Fachärztin. Sie kann sich gerade keine Schwangerschaft vorstellen und versichert Klaus, das sei kein Problem.

Fünf Jahre später ist sie dennoch schwanger. Sie habe, sagt sie, die Pille vergessen. Klaus glaubt ihren Ausreden nicht ganz, entwickelt sich aber zu einem begeisterten Vater. Als Annemarie ihrer besten Freundin gesteht, sie habe die Pille absichtlich abgesetzt, empört sich diese: Wie könne Annemarie mit dieser Lüge leben?

Klaus hat miterlebt, dass seine erste Ehe nach der Geburt von Kindern scheiterte; er will sich diesem schmerzlichen Prozess nicht wieder aussetzen und trifft rigide Vorsichtsmaßnahmen. Annemarie unterstützt ihn zuerst darin; als sich die Beziehung festigt und ihr Kinderwunsch stärker wird, greift sie zur egoistischen List. Die Moralistin wendet sich mit Grausen ab. Der Pragmatiker aber erkennt eine gewisse Gerechtigkeit darin, dass durch die heimliche Aktion nicht mehr die Frau, sondern der Mann dem Druck unterworfen ist, entweder eine Schwangerschaft zu akzeptieren oder sich zu trennen. Die meisten Väter können eine handfeste Wirklichkeit besser verarbeiten als die von Perfektionsansprüchen umwaberte Eventualität.

Diese Fallvignette, die auf Erfahrungen aus einer Therapie bei »Annemarie« beruht, erschien Anfang 2010 im *Zeit-Magazin*. Die Reaktionen mancher Leser waren extrem heftig, als hätte ich dieses Vorgehen nicht in seiner Ambivalenz diskutiert, sondern als richtig empfohlen.

»Ab und zu lese ich Ihre Kolumne auf Zeit online. Leider bin ich bisweilen ziemlich anderer Meinung als Sie. Die (sic) kürzlich unter der Überschrift ›Darf sie eigenmächtig schwanger werden?‹ veröffentlichte Artikel schlägt allerdings allem den Boden aus. Ich sitze vor Wut, Angst und Empörung zitternd da. Frauen dürfen einfach selbst entscheiden? Über das Leben eines Kindes und das Leben eines Mannes? Und das soll in Ordnung sein? Ich kann Ihnen nur sagen, aus tiefster Seele: DAS IST FALSCH! Ist die Würde eines Mannes nichts mehr wert? Dürfen Männer nicht mehr über ihr Leben entscheiden? Warum dürfen Frauen entscheiden? Ich bin ein Mensch, der versucht, anderen nicht zu viel zu schaden, und ich sitze hilflos da, ohne Lobby, ohne andere Männer, die meine Interessen vertreten. Mir bleibt nicht viel, als mich zurückzuziehen. Was ich dieser Gesellschaft vielleicht hätte geben können, wird seit vielen Jahren vernichtet, weil ich mich am Rand halte. Und dazu tragen Menschen wie Sie bei, die solche Ungeheuerlichkeiten verbreiten!«

Ein zweiter Text:

»Herr Schmidbauer, Sie schreiben in Ihrer Nr. 79 ›Darf sie eigenmächtig schwanger werden?‹ rein für die Bedürfnisse von Partner und Partnerin. Die des anstehenden Kindes interessieren Sie nicht. In Ihrem Beispiel entwickelt sich der Partner

zu einem ›begeisterten Vater‹. Was für ein Glück. Fataler wäre eine Verneinung und Ablehnung, eine Trennung und Distanzierung. Nicht für die Mutter, sie hat ihren Willen egoistisch unverantwortlich durchgesetzt. Das Kind wird ohne Vater aufwachsen, mit dem Wissen, dass es nicht gewollt war. Eine Bürde, die niemand tragen möchte. Hoffentlich wird das Kind später für andere Kinder, Mitschüler, für sein Umfeld nicht selbst zur Belastung, Ventil für Frustrationen. Und der Vater wider Willens darf sich vor Gericht herumstreiten, in welcher Höhe seine Unterhaltszahlungen für ein von Anfang an klar nicht gewolltes Kind ausfallen wird. Summa summarum: zwei Opfer. Eine glückliche Mutter??

›Die meisten Väter können eine handfeste Wirklichkeit besser verarbeiten als die von Perfektionsansprüchen umwaberte Eventualität.‹ Ein sehr pauschalisierender und gefährlicher Satz, der mich emotional sehr erregt hat.«

Die empörten Reaktionen stimmen mich nachdenklich. Hatte ich diesen Männern Unrecht getan? War mein Beispiel tendenziös? In der langen Geschichte menschlicher Liebesbeziehungen ist das Kapitel einer sicheren Verhütung von Schwangerschaften relativ kurz. Ehe es aufgeschlagen wurde, musste jeder Mann, der mit einer Frau im gebärfähigen Alter Verkehr hatte, mit einer Schwangerschaft rechnen.

Die meisten Paare werden sich einig darüber, ob sie Kinder wollen oder nicht. Sie sprechen darüber; die Entscheidung ergibt sich aus den Gesprächen, wer verhütet und was geschehen soll, wenn es mit der Verhütung nicht klappt. Beides hängt damit zusammen, wie jeder für sich und beide zusammen über ihre Zukunft denken. Kinder zu haben ist für viele Männer und vielleicht noch mehr Frauen ein existenzielles Bedürfnis und gleichzeitig eine Quelle von Versagensängsten. Es gibt dann den Kompromiss, die Schwangerschaft aufzuschieben.

Dieser Kompromiss ist aber kein anständiger oder gerechter Kompromiss. Er benachteiligt die Partei, deren biologische Uhr lauter tickt. Einer Frau nur die Wahl zu lassen zwischen dem Eingeständnis von Wankelmut oder dem Verzicht auf Selbstverwirklichung, ist lieblos, auch wenn es korrekt sein mag.

Frauen dürfen einfach selbst entscheiden? Über das Leben eines Kindes und das Leben eines Mannes? Einfach ist das nicht, würde ich sagen, für keinen der Beteiligten. Die Entscheidung geht auch nicht primär über das Leben eines Kindes. Ob ein Ei befruchtet wird, ob daraus ein Kind entsteht, das ist ein sehr komplexes Geschehen, in dem viele Faktoren zusammenfinden und zusammenstimmen müssen.

Entscheidet der Mann, der einer Frau ihren Kinderwunsch verweigert, nicht ebenso über ihr Leben, wie sie über das seine, wenn sie ohne sein Wissen die Pille weglässt? Der eine Versuch, den Partner zu unterwerfen, ist offen; der andere verborgen. Aber macht das den ersten harmlos und gerecht, den zweiten bösartig und heimtückisch? Keinesfalls kann ich meinem moralischen Empfinden die Überzeugung abringen, dass ein Mann, der durch die Drohung, sie zu verlassen, eine Frau zur Abtreibung zwingt, harmloser ist als eine Frau, die ihn über ihre Fruchtbarkeit täuscht und ihm eine Vaterschaft aufnötigt.

Ich bin ein Praktiker der Therapie und kein Experte für Moral. In dem zweiten Einwand, der vom Kind auszugehen behauptet, scheint die psychologische Expertise eher gefragt. Freilich wird auch hier vom gekränkten Narzissmus des in die Vaterschaft betrogenen Mannes wie von einer Naturmacht gesprochen, vergleichbar dem überwältigenden Geschehen von Schwangerschaft und Geburt. Ich kann nicht leugnen, dass es diese Naturmacht gibt; ich bin ihr selbst oft genug begegnet. Die Schwäche aller Einwände angesichts einer derartigen Kränkung in Liebeserwartungen spiegelt sich in einer therapeutischen Ohnmacht, eine so zerfallene Beziehung zu kitten.

Allerdings wäre es unsinnig, das über die Schwangerschaft *einige* Paar als Garanten hinzustellen, dass hier die Vaterschaft verantwortungsbewusst angenommen wird. Ich kenne keine brauchbare Statistik, welche das Schicksal der aufgezwungenen Vaterschaft mit dem der frei gewählten vergleicht, wohl aber die belegte Erfahrung, dass Ehen an keinem Ereignis öfter zerbrechen als gerade an dieser in gemeinsamer Entscheidung – sollten wir nicht lieber sagen: in gemeinsamer Illusion? – riskierten Schwangerschaft.

Ich selbst bin, wie viele Kriegskinder, vaterlos aufgewachsen. Ich kann nicht behaupten, frei von seelischen Problemen zu sein, bin aber damit der Gesellschaft nicht zur Last gefallen.

Das Kind wird ohne Vater aufwachsen, mit dem Wissen, dass es nicht gewollt war. Eine Bürde, die niemand tragen möchte.

Hoffentlich wird das Kind später für andere Kinder, Mitschüler, für sein Umfeld nicht selbst zur Belastung.

Hier greift die Kränkung zur Prophetie und übertreibt, wie

das Propheten so an sich haben. Sicherlich ist es schöner für ein Kind, mit zwei Eltern aufzuwachsen, die in Liebe verbunden bleiben. Aber niemand konnte bisher nachweisen, dass Kinder geschädigt sind, wenn sie nur *eine* erwachsene Bezugsperson haben; es kommt darauf an, wie zufrieden diese Person mit sich und mit ihrem Leben ist.

Eine Mutter, die trickst, um schwanger zu werden, macht sich weniger Illusionen über Liebe und verlässliche Bindungen. Wenn es ihr nicht gelingt, durch das Kind die Beziehung zu dessen Vater zu festigen, wird sie wohl nicht schlechter als von Streitehen und Rosenkriegen zermürbte Mütter und Väter ihrem Kind den Halt geben können, den dieses braucht.

Diese Mutmaßungen haben ihren Zweck erreicht, wenn die düstere Kunde vom Schaden fürs Leben zur ungesicherten Behauptung wird. Die empirischen Ergebnisse entsprechen den Beobachtungen in der Familientherapie. *Ein* zufriedener und ausgeglichener Elternteil ist besser als *zwei* streitende Eltern. Kinder finden eine Scheidung schrecklich, aber angesichts von Eltern, die sich gegenseitig entwerten und dem Kind mehr aufbürden als es tragen kann, sehnen Kinder die Trennung der Eltern herbei und bedauern später, dass es so lange gedauert hat, bis die Eltern auseinander waren.

Woher die Empörung? Warum wird etwas, das ich für eine abwägende Suche nach dem kleineren Übel halte, zur dämonischen Aufforderung zu größtmöglichem Unrecht? Das Hauptargument ist in beiden Fällen, dass es schlimmste Folgen hat und das Leben des Mannes und des Kindes zerstört, wenn eine Frau *eigenmächtig* entscheidet, schwanger zu werden.

Die Frau schenkt der Zukunft ein Kind; sie realisiert ihre Potenz. Im Erleben des Mannes raubt sie ihm auf diesem Weg seine Potenz, legt ihn fest auf eine abgelehnte Rolle, zwingt ihn, für ein Kind zu zahlen, das er nicht will. Das Ganze kann nur geschehen, weil der Mann zuerst der Frau grenzenlos vertraut hat – und nun ebenso grenzenlos enttäuscht ist.

Frauen erzählen manchmal von Männern, denen kein Kind abzuluchsen ist, weil sie selbst dann sorgfältig verhüten, wenn ihre Partnerin eine Spirale trägt oder die Pille nimmt. Auf der anderen Seite gibt es Männer, die sich zwar nicht viel um die von ihnen gezeugten Kinder kümmern, aber doch jedes dieser Kinder als Bestätigung ihrer Potenz erleben und sich nichts weiter dabei denken, Alimente für sie zu bezahlen.

Wie aber kommt es, dass ein Mann das von ihm gezeugte Kind mit einer Art Fluch verfolgt, weil die Mutter ihn über ihren Plan getäuscht hat, schwanger zu werden? Zunächst fällt auf, dass hier die Tücke der Mutter vollständig in den Vordergrund rückt und jede Möglichkeit abgelehnt wird, das Kind als Bereicherung anzunehmen.

Sind diese Männer unbewusst an das Bild einer idealen Frau gebunden, die ganz genau so ist, wie sie es sich vorstellen, die kein anderes Liebesobjekt, keine anderen Interessen kennt als sie? Dann würde auch die verzweifelte Wut angesichts des Verdachts verständlich, die Frau habe sich auf den Sexualakt nur deshalb eingelassen, um dem Mann »ein Kind anzuhängen!« Sie wird nicht als Frau wahrgenommen, die eigene Interessen verfolgt, sondern als Verräterin an einem Versprechen. Folgerichtig wird auch der Psychologe, der

Verständnis für solche Tricks zeigt, zu einem Verräter am männlichen Geschlecht.

Jede Liebe trägt einen radikalen Anspruch in sich. Der Partner darf niemals lügen. Wenn Verliebte erwarten, dass zwischen sie wie zwischen die Steine einer frühgriechischen Tempelmauer keine Messerklinge passt, wird jede Lüge unverzeihlich. Und doch täuschen und enttäuschen sich Liebende oft genug. Manche können es sich verzeihen und glücklich zusammen alt werden, anderen gelingt das nicht. So mag es der Empathie der Liebenden dienen, wenn wir die schlichte Zweiteilung von guter Wahrheit und böser Lüge aufgeben. Es gibt eine liebevolle Lüge und eine lieblose, einen Betrug, in dem der Betrogene anständig behandelt wird und einen, in dem das nicht geschieht. Annemarie in dem Beispiel hat Klaus liebevoll betrogen, er hat das gespürt und so konnten die beiden zusammen weitergehen.

Triangulierung und innerer Raum

Der 46-jährige Oberstudienrat klagt über Konflikte mit seiner Ehefrau, einer Krankengymnastin in eigener Praxis. Er habe es satt, Vorwürfe zu hören, sobald etwas mit dem einzigen Sohn Leo nicht klappe, der gegenwärtig die dritte Klasse besucht. Dabei hätten sie sich sehr gut verstanden, solange sie zu zweit waren; es hätte nie ein Problem damit gegeben, dass sie aus so unterschiedlichen Familien kämen –, sie von einem kleinen Bauernhof mit vielen Geschwistern, er aus einem städtischen Akademikerhaushalt. Im Gegenteil, er habe das handwerkliche

Geschick und den praktischen Verstand seiner Frau immer sehr geschätzt.

Seit der Sohn in der Schule sei, habe sich das geändert. Ein Beispiel? Da habe er viele. Erst heute habe seine Frau verschlafen und sei zu spät zum Frühstück gekommen. Schon vorher, noch im Nachthemd, habe sie von Leo verlangt, noch Geige zu üben, ehe er in die Schule gehe, er habe das gestern versäumt, und die Stunde sei doch heute. Als sie dann die beiden Männer gemütlich frühstücken sah und es zu spät war, die Geige noch auszupacken, habe sie gezetert, er kümmere sich um nichts und habe nicht dafür gesorgt, dass Leo die teuren Geigenstunden nicht ganz umsonst mache.

Oder, eine ganz ähnliche Szene: Er lese jeden Abend etwas vor, setze sich an Leos Bett, es sei immer ein Buch, das sie beide interessiere. Leider habe ja Leo spontan keine Lust, nach einem Buch zu greifen, er sei mit Mickey-Maus-Heften glücklicher. Da habe doch tatsächlich neulich seine Frau ganz giftig gesagt, wenn das Kind nicht von sich aus lese, läge das nur an seiner Vorleserei! So was von ungerecht und unangemessen, da müsse er sich doch wehren und sich das verbitten, und es sei schon wahr, dass er dann tagelang sauer sei und sie abblitzen lasse, wenn sie am Abend wieder gut sein wolle.

Er habe den Eindruck, dass sich seine Frau ausgeschlossen fühle, wenn er sich mit dem Jungen verstehe. Dabei würde er sich doch auch oft ausgeschlossen fühlen. Und diese Vorwürfe, dass er sich zu wenig um die Erziehung kümmere und den Stress ganz ihr überlasse, das sei doch wirklich ungerecht und nicht zu verstehen. Schließlich sei die Mutter schon jetzt manchmal durch die Rechenaufgaben überfordert. *Er* werfe ihr das nicht vor.

Ähnlich wie manchmal die bürgerliche Ehefrau eines Barons viel mehr auf Wappenring und Etikette achtet als dieser selbst, fühlt sich die bildungsarme Ehefrau des Oberstudienrats verpflichtet, dessen pädagogische Ideale auch dort strikt durchzusetzen, wo er es gemütlich haben will. Sie projiziert eigene Ängste und entwertet ihn prophylaktisch.

Wenn an dem Sohn irgendetwas auffällt, was ihren Erwartungen widerspricht, dann ist auf jeden Fall der Vater schuld. Die heftigen Kränkungen des Vaters über diese Ungerechtigkeit verschärfen den Konflikt. Leos Mutter fürchtet, dass ihr Mann sie für eine schlechte Ehefrau hält, die seinen Ansprüchen nicht genügt. In ihrem Wunsch, ihm zu beweisen, wie sehr sie sich bemüht, gefährdet sie die erotische Bindung, welche früher half, die sozialen Gegensätze nicht nur zu überbrücken, sondern sie zu nutzen, um der Beziehung besonderen Glanz zu verleihen.

In der Entwicklungspsychologie sprechen wir von *Triangulierung*, um zu verdeutlichen, dass ein Kind unterschiedliche Einstellungen zu zwei Eltern aufbaut. Auf diese Weise erweitert sich das zweipolige Geschehen in einem Paar – Mutter-Kind, Mann-Frau, Zwilling-Zwilling – zu einem Dreieck. Die Triangulierung stellt ein Paar vor Probleme, wenn die Partnerbeziehung stark symbiotisch getönt ist, weil sie traumatische Erfahrungen ausgleichen soll. In diesen Fällen gelingt es nicht, den dritten Pol im Kraftfeld als Bereicherung/Entlastung zu erleben. Er wird als Versuch aufgefasst, Übermacht herzustellen, eigene Interessen auszulöschen.

Leos Mutter stellt solche Ansprüche an ihren Partner. Er soll die Erziehung ganz genau so sehen wie sie selbst; sie kann seine laxere Haltung nicht als wertvolle Ergänzung ihrer eigenen Haltungen sehen, sondern sieht nur, dass der Vater nicht ernst nimmt, was sie gut machen will. Sie fühlt sich nicht gleichwertig, sondern auf seine Anerkennung angewiesen, kann das allerdings nicht eingestehen, sondern versucht, ihr Anerkennungsdefizit dadurch zu beheben, dass sie ihm ein Versagen in den auf ihn projizierten pädagogischen Ansprüchen unterstellt.

Ein Kind kann zum Resonanzboden bisher unbemerkter Wert- und Geltungsunterschiede in einer Beziehung werden. Ein Baby wird diese Dynamik noch nicht so mitgestalten wie das Kleinkind, das Rivalität aus eigenem Erleben kennt und versuchen wird, sich taktische Vorteile zu erschließen, wenn ein Elternteil erlaubt, was der andere verbietet.

In dieser Situation wird die Bindung der Eltern aneinander auf die Probe gestellt. Stabilität und eine intakte Kränkungsverarbeitung geben den Ausschlag, ob sie spielerisch und humorvoll die Triangulierungen durchspielen können oder sich entweder vom Partner oder vom Kind verraten fühlen.

Ob in einem Paar die Triangulierung als Erleichterung der gemeinsamen Aufgabe erlebt wird oder als zusätzliche Last, entscheidet darüber, ob die Krisen gemeistert werden können, in denen das Kind als (umkämpfter) Bundesgenosse mitzuspielen beginnt. Es ist trivial, von Eltern Einigkeit zu erwarten. Hilfreicher erscheint mir Distanz zum Perfektionismus und Toleranz für kleine Abweichungen, welche die Lebensqualität unter widrigen Umständen beleben.

Einigkeit ist angesichts der spontanen Qualitäten menschlicher Bedürfnisse weder immer möglich noch in jeder Situation wünschenswert. Wenn die Eltern keine vorher abgesprochene Haltung haben oder diese trotz der Absprache verlieren, belastet das die Familie längst nicht so wie ein daraus erwachsender Entwertungskonflikt. Solange sie wieder zusammenfinden und es weder einander noch dem Kind als Bosheit anrechnen, bereiten sie sich selbst, ihre Töchter und Söhne auf die vielfältigen Möglichkeiten des Lebens vor.

Sobald die Triangulierung einsetzt, werden wechselnde Bündnisse und geteilte Loyalitäten möglich. Der oder die Dritte können sich in den Konflikt zwischen zweien einmischen oder Abstand halten. So kann Unabhängigkeit erprobt werden, ohne dass Rückhalt verloren geht. Das Kind kann sich von einem Elternteil distanzieren und bleibt doch nicht ohne Schutz. Dadurch entstehen innere Räume, in denen es dem Kind möglich wird, sich selbst Geschichten zu erzählen und damit vertraut zu machen, dass verschiedene Menschen die gleiche Situation ganz unterschiedlich wahrnehmen.

Diese Räume fehlen, wo von Anfang an klar ist, dass ein Elternteil ausschließlich als strafende Instanz präsent ist. Eine solche Kindheitssituation lässt sich oft bei Personen beobachten, die in ihren Beziehungen zu etwas neigen, das sich als blinder Aktionismus beschreiben lässt. Sie können nicht mit ihrem Partner kommunizieren, um die Beziehung befriedigender zu gestalten. Beziehungen sind für sie entweder richtig oder falsch.

Der Ehemann kommt aus einer durch den Alkoholismus des Vaters zerrütteten Ehe; die Mutter war sein einziger Halt. Er strengt sich sehr an, ein guter, fürsorglicher Partner zu sein, ist aber nach der Geburt eines Sohnes mehr und mehr davon enttäuscht, dass seine Ehefrau nicht aufmerksam genug für seine Bedürfnisse ist. Er zieht sich von ihr zurück, schläft nur noch mit ihr, wenn sie ihn verführt und kann nicht mit ihr darüber sprechen, warum er sich so verhält. Schließlich erklärt er ihr, er müsse allein in Urlaub fahren, um zu sich selbst zu finden. Später entdeckt sie, dass diese Urlaubsreisen auch Treffen mit einer anderen Frau waren.

Die Mutter hat den getrennt von ihr in einer anderen Stadt arbeitenden Vater an den Wochenenden als strafende Instanz aufgebaut. Er ahndete Flegeleien der drei Kinder durch Ermahnungen und Schläge. Der Sohn machte eine untadelige berufliche Karriere, erlebte sich aber sehr einsam, weil er sich seiner Frau und seinen Kindern nicht nahe fühlte und bei diesen auch wegen einer unvermittelten, verletzenden Kritik gefürchtet war. Er achtete darauf, dass er entweder mit Freunden oder mit der Familie in der Freizeit immer etwas unternahm, um sich abzulenken; später kamen auch sexuelle Eroberungen dazu. Er kam in Therapie, weil er eine Frau, in die er sich verliebt hatte und die seine Gefühle nicht erwiderte, nicht vergessen konnte. Seine Depression fand er dabei »eigentlich normal, so bin ich immer, aber ich habe im letzten halben Jahr zehn Kilo verloren, das ist nicht mehr normal!«

Die Mutter eines Geschäftsmanns hatte den gewalttätigen Vater früh verlassen. Er heiratete eine Frau, die ebenfalls keine Triangulierung erlebt hatte, weil ihre Mutter immer mehr an den eigenen Vater gebunden blieb und ihren Ehemann entwertete, der sich völlig aus der Familie zurückzog und von den Kindern nur als Störenfried erlebt wurde. Der Ehemann fuhr extrem schnell und suchte in jeder Situation zu überholen. Die Frau saß neben ihm und erinnerte ihn an seine Verkehrsstrafen. In diesem Beispiel zeigt sich, wie moderne Geräte symbiotischen Bedürfnissen entgegenkommen. Das Auto war für den Fahrer das primäre symbiotische Objekt, mit dessen Hilfe er sein Selbstgefühl dadurch steigerte, dass er schneller war als alle anderen. Umgekehrt verlangte sie von ihm, er müsse sie als einziges Liebesobjekt wählen und sich ihren korrekten Fahrstil aneignen. Das Scheitern der Triangulierung in der Kindheit der so Verstrickten erschwerte eine realistische Lösung, in der drei Pole integriert werden: Entweder entwickelt der Mann Verständnis für andere Autofahrer und für seine Frau, oder sie setzt sich mit ihm nur in ein Auto, das sie selbst lenkt.

Die wichtigste Botschaft der Triangulierung an die Symbiose ist, dass es nicht nur möglich, sondern wohltuend ist, *ein* Liebesobjekt loszulassen und dadurch Platz für eigene Wünsche zu gewinnen. In der Symbiose *muss* alles gemeinsam sein; Trennung und Beziehungsverlust sind identisch, daher muss beispielsweise der Partner auch alles Wichtige wissen – was auch bedeutet, dass ich ihn nicht schonen darf, wenn ich erlebe, dass ihn verletzt, was mir wichtig ist.
In der Welt der Triangulierung hingegen bleibt das Gute

gut, auch wenn ich mich für Stunden, Tage, selbst Jahre von ihm trenne. Trennen ist hier etwas anderes als verlassen. Die Möglichkeit, zwischen Liebesobjekten zu pendeln und mehrere von ihnen zu verbinden, wird zum Weg, Raum zu schaffen, in dem die für mein Erleben »guten« Seiten eines Partners mit seinen »schlechten« integriert werden können.

Wenn ich den verhinderten Rennfahrer, um das Beispiel oben aufzugreifen, mit freundlichen Gefühlen in einen Rennclub entlassen kann, stabilisiert sich auch das Bild des aufregenden Liebhabers wieder, wird ein Aspekt seines Draufgängertums akzeptabel. Es gelingt eher, das Perverse, Schrullige, Verrückte eines Partners anzunehmen, wenn ich gleichzeitig dafür sorgen kann, dass nicht ich, sondern der Partner die Folgen seiner Aktionen in diesen Bereichen tragen muss.

So hilft die Triangulierung, Gutes im Erleben einer Beziehung zu erhalten und notfalls zu retten, während die Symbiose dazu verführt, entweder alles Nachteilige zu verleugnen oder – wenn das nicht mehr gelingt – auch das Gute zu entwerten.

6. DAS KIND ALS CHANCE

Kinder aus durch ihre Geburt überlasteten Ehen haben
sich unschuldig schuldig gemacht. Sie haben den symbiotischen Traum ihrer Eltern zerstört. Diese Kinder tragen
später manchmal lange an einer unklaren Überzeugung von
schlechtem Ausgang, Scheitern und Ungenügen, die ihre
Grundstimmung trübt und ihnen trotz aller Begabungen
den Eindruck vermittelt, nichts wirklich Gutes zustande zu
bringen.

Entsprechende Beobachtungen finden sich schon bei Freud,
der von Menschen spricht, die »am Erfolge scheitern«[25] oder
aber sich und andere mit der Klage belasten, ihnen gelänge
nichts, sie könnten Aufgaben nicht zu Ende bringen, müssten ein Studium vor dem Abschluss oder eine interessante
Aufgabe noch während der Probezeit abbrechen.

Freud verbindet dieses Verzagen, etwas zu Ende zu bringen,
mit dem Scheitern der kindlichen Sexualforschung. Heute
lässt sich dieses Konzept vom ungelösten Rätsel, das noch
die Erwachsenen belastet und verwirrt, mit der Krise einer
elterlichen Symbiose verknüpfen. Diese ruiniert das Sexualleben der Eltern und lässt das Kind mit der bohrenden Frage
zurück, weshalb so wenig Liebe zwischen zwei Menschen ist,
deren liebevolle Verbindung doch nach allem, was es gehört
hat, die Grundlage des Entstehens von Kindern ist.

In den Zeiten von youporn.com muss kein Kind mehr rät-
seln, wie denn die physische Sexualität zwischen den Erwachsenen funktioniert. Weshalb aber münden Liebesbezie-

hungen so oft in Kälte oder Hass? Dieses Rätsel kann nicht nur der forschende Ehrgeiz des Kindes oft nicht lösen.

Es ist eine der klinisch hilfreichen Beobachtungen Freuds, dass kleine Kinder unglaublich viel wahrnehmen, denken und – leiden. Ihr Leid versuchen sie mit den Mitteln zu mindern, die sie haben. Sie versuchen, ihre Umwelt zu kontrollieren und innere Abwehrmechanismen aufzubauen, welche ihnen helfen, erneutes Leid zu vermeiden.

Die therapeutische Wirkung der Psychoanalyse beruht darauf, dass Erwachsene mit ihren gereiften Fähigkeiten und ihrem sehr viel besser entwickelten Realitätssinn die während der Kindheit abgewehrten Leiden noch einmal verarbeiten. Jetzt können sie den nötigen Abstand gewinnen und orientieren sich nicht mehr an zur Vermeidungsstarre geronnenen Ängsten.

Die durch das Kind aus dem Symbioseparadies vertriebenen Eltern sind ein mächtiger, traumatischer Faktor. Ihre krankmachenden Ansprüche führen bei den Betroffenen zu tief verwurzelten Ängsten. Sie betreffen Liebe, Nähe, Bindung, sozusagen den Wunsch, es sich in einer Beziehung bequem zu machen.

Eine Patientin, die früher an einer Anorexie gelitten hatte, diese aber aus eigener Kraft überwand und schließlich als 30-Jährige wegen einer unglücklichen Liebesbeziehung in Behandlung kam, fasste ihre Einstellung so zusammen: »Ich fühle mich viel wohler, wo ich abgelehnt werde, obwohl ich mich davor natürlich auch fürchte. Aber wenn mich jemand nicht mag, dann kann ich ihn immer noch erobern. Wenn mich jemand liebt und bei mir bleiben will, dann kann ich ihn nur noch verlieren, das ist unerträglich!«

Ihre Eltern hatten sich nach der Geburt ihres älteren Bruders entfremdet und beschlossen, zur Heilung dieser Kränkungen möglichst schnell ein zweites Kind zu bekommen. Als die Patientin geboren war, vertiefte sich die Entfremdung. In ihren Kindheitserinnerungen streiten die Eltern ständig, die Mutter beklagt sich, der Vater trinke zu viel, gebe zu viel Geld aus, sei sexuell ein Grobian, gehe fremd, sei ein schlechter Mensch, nur wegen der Kinder bleibe sie bei ihm. Der Vater ist stumm, mürrisch, sperrt sein Zimmer ab, damit die Kinder nicht an seine Sachen kommen, isst getrennt von ihnen in seinem Zimmer, fährt abends mit dem Auto weg und kommt erst im Morgengrauen wieder. Die Eltern haben zusammen ein Haus gebaut, das keiner aufgeben will; die Scheidung würde sie ruinieren.

Zur Zeit der Therapie war die Patientin beruflich sehr erfolgreich, aber aussichtslos in einen verheirateten Mann verliebt, von dem sie unbedingt ein Kind haben wollte. Es gab eine Reihe von Männern, die sich gerne mit ihr verbunden hätten. Diese fand sie jedoch alle völlig uninteressant, eine Zumutung, das Letzte.

Die Belastung einer Liebesbeziehung durch ein Kind kann ebenso gut über- wie unterschätzt werden. Um das Beispiel von der Expedition noch einmal zu strapazieren: Wer sie ohne Vorbereitung und Ausrüstung antritt, wird scheitern; wer sie gar nicht antritt, beraubt sich einer Chance.

Die Verarbeitung der Babykrise durch die Eltern zeigt, wie

wenig wir eigentlich von Menschen wissen und wie schlecht sich ihr Verhalten in existenziellen Situationen voraussagen lässt. Tüchtige Personen, die bisher weit Überdurchschnittliches geleistet haben, können elend scheitern; andererseits bewähren sich Menschen, denen bisher so wenig gelungen ist, dass ihnen niemand die Elternschaft zugetraut hat.

Ich erinnere mich an eine essgestörte Patientin mit vielen abgebrochenen Beziehungen und gescheiterten Versuchen, Halt in einer Arbeit zu finden. Als sie schwanger wurde, ging die Beziehung zu ihrem Freund schnell zu Bruch. Er wollte das Kind nicht, ihre Mutter war dagegen, ihr Stiefvater, der sie sexuell missbraucht hatte, nannte sie eine Schlampe, ihre Großmutter, die ihr von allen Verwandten die Liebste war, fragte besorgt, wie sie das denn schaffen wolle.

Sie hatte viele Ängste, aber sie konnte die therapeutische Unterstützung nutzen, um Abstand zu gewinnen und nach dem kleineren Übel zu suchen. Sie entschied sich, das Kind auszutragen, von mir durch den Hinweis unterstützt, dass nach den klinischen Erfahrungen ein Schwangerschaftsabbruch seelisch belastender ist als eine Geburt, selbst wenn sich die junge Mutter später entscheide, das Kind zur Adoption freizugeben.

Ihr von der Krankenkasse finanziertes Stundenkontingent war fast erschöpft, als sie das Kind zur Welt brachte. Sie hatte sich in zähen Verhandlungen mit dem Sozialamt eine kleine Wohnung und eine Tagesmutter organisiert, brachte zum ersten Mal in ihrem Leben eine Ausbildung zu Ende und sagte manchmal etwas spöttisch, es sei doch eine gute Idee gewesen, das Kind zu behalten. Seit sie schwanger sei, habe sie jede Neigung verloren, sich mit der Rasierklinge zu ritzen oder eine Fress-Brech-Orgie zu inszenieren. Ablenkung sei eben alles!

Wie häufig bei narzisstischen Störungen gab es keinen Abschied von der Therapie, sondern ein offenes Ende: sie werde sich melden, sagte sie, augenblicklich sei sie einfach zu beschäftigt. Ich hörte nichts mehr von ihr und beschloss, das als gutes Omen zu sehen. Nach sieben Jahren rief sie mich an und bat um einen Termin. Sie begrüßte mich, als sei sie kaum fort gewesen. Sie sei in eine andere Stadt gezogen, arbeite halbtags, habe einen festen Freund. Sie hätte mir gar nicht erklären müssen, dass das Baby sie einen großen Schritt weitergebracht hatte. Aus einem mageren, impulsiven, hektisch zwischen Begeisterung und Entwertung kippenden Mädchen war eine Frau geworden.

Früher hatte sie gesagt, Männer seien schrecklich, Frauen noch viel mehr, Beziehungen ohnehin eine Katastrophe, weil sie einem immer kaputtgehen. Jetzt war sie ruhig und freute sich sichtlich, mich wieder zu sehen. Es sei ihr einfach ein Bedürfnis gewesen, sich zu bedanken. Ich hätte sie damals unterstützt, das Kind zu bekommen. Diese Entscheidung sei die beste ihres Lebens gewesen. Sie habe allmählich begriffen, dass Mütter nicht perfekt sein müssen, sie habe nie das Gefühl entwickelt, von ihrer Tochter wie abgeschnitten zu sein, wenn es Streit gab, diese plötzliche Kälte, die ich immer Angst genannt habe, die sie so schnell überfalle, nichts wie weg und neu anfangen.

Nein, sie könne sich über den Trotzkopf ärgern und ihn dennoch weiter lieb haben. Dass so etwas überhaupt möglich sei, hätte sie immer für eines der Märchen gehalten, die Therapeuten erzählen, ohne selber dran zu glauben. Und jetzt wolle sie Bescheid geben, sie könne definitiv aufhören mit der Therapie, denn es sei ihr gelungen, diese Fähigkeit, sich zu streiten und zu versöhnen, von ihrer Tochter her auszudehnen, sie habe jetzt Freundinnen und einen Mann, mit dem sie sich eine gemeinsame Zukunft und ein zweites Kind vorstellen könne.

Die Freude am Kind

Angesichts schwindender Fortpflanzungsbereitschaft gilt es als politische Aufgabe, junge Erwachsene anzuleiten, über Elternschaft positiv zu denken. Das könne nicht allein durch die Finanzierung von Krippenplätzen geschehen, sagen die Familienpolitiker. Wir müssten jungen Menschen glaubhaft machen, dass Kinder Freude bereiten.

Ist Freude am Kind in der Natur vorgesehen? Menschen werden in der Regel nicht durch ihren Kinderwunsch angetrieben, sexuelle Wünsche zu befriedigen. Im Gegenteil: die erotische Lust und die Sehnsucht nach dem Liebesobjekt sind so übermächtig, dass alle Bedenken schwinden, auch die über die Gefahren und Belastungen einer Schwangerschaft. Erotik und sexuelle Lust gelingen ebenso wie die aus ihnen wachsende Schwangerschaft am besten, wenn wir nicht zu genau überlegen, auf was wir uns da einlassen.

Schwangerschaft macht kurzatmig. Eine Geburt tut weh. Säuglinge schreien mehr, als es Eltern lieb ist; Kleinkinder sind wahre Spürhunde im Auffinden schwacher Stellen in Mobiliar, Antiquitäten und Elternseelen. Das Trotzalter beginnt früh und endet später, als es die Mythen vom »Latenzalter« verheißen; die Rebellionen in Pubertät und Adoleszenz stören den Familienfrieden gründlicher, als es Eltern erwarten, »wenn die Kinder erst aus dem Gröbsten heraus sind!«

Warum also Kinder haben, wenn sie uns so heftige Sorgen bereiten und unserem Selbstgefühl derartige Grenzerfahrungen hinsichtlich der Reife und Ausgewogenheit der eigenen Persönlichkeit bescheren? Ich denke, dass hier zwei Motive wichtig sind, die sich dem positiven Denken entziehen. Das erste Motiv ist die *intermittierende Verstärkung*, das zweite die *Angst vor der Kinderlosigkeit*.

Die intermittierende Verstärkung[26] ist ein sehr interessantes Prinzip, das manche Rätsel im menschlichen und tierischen Verhalten klärt. Es besagt, dass Säugetiere besonders *hartnäckig das tun, was nur selten, sozusagen ausnahmsweise belohnt wird*.

Wer einem bettelnden Hund jedes Mal einen Happen gibt, wird ihm das Betteln durch konsequente Nicht-Belohnung sehr viel schneller abgewöhnen als ein Tierhalter, der nur *selten, nach langen Pausen* (eben »intermittierend«) das Betteln »verstärkt« hat. Aus eben diesem Grund ist Fußball so viel »spannender« als etwa Handball oder Basketball: Wir müssen viele scheiternde Spielzüge verfolgen, ehe wir durch ein Tor-Erleben belohnt werden. Im Leben mit Kindern ist es ähnlich. Es gibt viel Arbeit, viel Stress, vieles scheitert. Glücklich-entspannte Momente sind eher selten. Gerade deshalb sind sie kostbar und leuchten intensiver vor dem Hintergrund an Mühe, Aufwand und vergeblichen Versuchen, paradiesische Harmonie herzustellen.

Um diese Glücksmomente auszukosten, müssen Erwachsene erst einmal Eltern werden. Auf dem Weg zu dieser Entscheidung spielt die Angst eine zentrale Rolle. Das Kind als Störer der Symbiose, als unberechenbarer Faktor in der eigenen Entwicklung, als grausame Erweiterung eigener Verletzlichkeit löst Ängste aus. Aber diese Ängste werden durch eine in der Regel noch sehr viel mächtigere Angst aufgewogen und zurückgedrängt: der Angst, keine Kinder zu bekommen, jenes Hauchs von Unsterblichkeit beraubt zu sein, den sie verkörpern, eine zentrale existenzielle Möglichkeit vermieden zu haben. Wer will, dass mehr Kinder geboren werden, sollte eher an diese Angst appellieren als an die Freude, mehr von sinnvoller Arbeit sprechen als von Lustgewinn.

Kinder bedeuten Stress, Kinderlosigkeit aber für viele Menschen auf lange Sicht einen noch größeren. Nicht das positive Denken und nicht die freudige Erwartung sorgen dafür, dass die menschliche Fortpflanzung funktioniert. *In guter Hoffnung sein* gilt allein für die Schwangerschaft. Eltern hingegen machen sich Sorgen. Das Sprichwort untertreibt, wenn es behauptet: kleine Kinder, kleine Sorgen, große Kinder, große Sorgen. Diese Sorgen hören nicht auf, so lange die Eltern Kraft für sie übrighaben.

Das mächtigste, der Kritik standhaltende Motiv scheint mir die Angst vor einer Unvollständigkeit, einer Asymmetrie, die dadurch entsteht, dass jeder von uns Kind war und dieses Erleben am leichtesten durch eigene Kinder ausbalanciert werden kann. Oft zeigt sich, dass diese Erfahrung hilft, Traumen der eigenen Kindheit zu mäßigen. Frauen und Männer, die sich – selbst kinderlos – aufopfernd um ihre alten Eltern kümmern, werden oft sehr traurig, wenn sie daran denken, dass ihnen dieser Dienst nicht nachwächst.

So halte ich es für voreilig, Freude an Kindern zu versprechen. Ich kann nur wiederholen, dass nach meiner Erfahrung der Stress, den Kinder bereiten, im Durchschnitt doch etwas geringer ist als der Stress, keine zu haben.

Die Delegation der Selbstliebe

Die erotische Liebe entschädigt Erwachsene für den Verlust der Kindheit und wird in den modernen Kulturen zu einer der mächtigsten Kräfte, das Selbstgefühl zu stärken. Liebende wagen mehr; ihr Gefühl, stärker zu sein als vor der Begegnung hängt damit zusammen, dass eine gemeinsame Euphorie Ängste blockiert. Daraus ergibt sich die Sehnsucht nach Dauer, nach einem Symbol, das bleibt und dieses Hochgefühl festigt.

Das Kind verspricht, diese Sehnsucht nach Erweiterung der Selbstliebe zu erfüllen. Liebespaare sehen dieses Projekt als Grundlage ihrer Beziehung, als Versprechen, sie zu entwickeln und zu bereichern. Es leuchtet vielen Erwachsenen ein, dass etwas unvollständig in ihrem Leben ist, wenn sie keine Kinder haben. Dennoch ist es schwierig, das Kind in die Partnerliebe zu integrieren. Es gelingt paradoxerweise umso besser, je mehr die Erwachsenen fähig werden, von dem Kind zu lernen und sich ihm seelisch zu nähern.

Die Analyse der Babykrise hat gezeigt, dass der sozusagen im Kleingedruckten untergebrachte narzisstische Anspruch Gefahren mit sich bringt, welche ein Paar an der Symbiosekrise scheitern lassen. Wenn Maximilian in unserem Beispiel in der Einleitung beschließt, nach wiederholten Zurückweisungen nicht mehr für seine erotischen Bedürfnisse einzutreten, handelt er nach einem Modell grandioser, stolzer Erwachsenheit, die sich von allen kindlichen und bedürftigen Elementen sogleich reinigt, wenn diese nicht anerkannt und erwidert werden.

Kinder hingegen sind ein Modell für die zähe Durchsetzungsfähigkeit von Wünschen. Ein gesundes Kind, das sich etwas wünscht, berechnet nicht im Voraus, ob die Eltern ihm das gerne geben. Es braucht keinen raschen Erfolg, um in seinem Wünschen fortzufahren. Und es wird nicht das Gewünschte entwerten, weil es ihm erst nach langem Bitten und vielleicht widerwillig gegeben wurde.

Die Begegnung mit einem Kind bietet Chancen, die Einsicht in den Unterschied von realitätstauglicher Liebe und Symbiose zu vertiefen. Liebe ist »gut genug«, Symbiose strebt nach Perfektion. Liebe verliert das Eigeninteresse nicht aus dem Blick und bleibt sich der eigenen Lust oder Unlust bewusst, Symbiose opfert diese Wahrnehmung der sofortigen, möglichst perfekten Wunscherfüllung – erwartet diese aber auch vom Gegenüber.

Liebe kann warten und eine Disharmonie ertragen, Symbiose gerät in Panik, weil völlige Entwertung droht. Liebe streitet freundschaftlich; Symbiose zwingt sich zur Harmonie auf Depression komm raus.

Kinder können ihre primitiven narzisstischen Wutanfälle nur dann angemessen regeln, wenn Erwachsene liebevoll mit ihnen umgehen, das heißt nicht das Gute und Konstruktive im Kind ebenso leugnen, wie es das Kind im Wutanfall mit diesen Qualitäten der Eltern tut.

Wenn ein trotzender Vierjähriger die Mutter zum ersten Mal eine Schlampe, eine Fotze, eine Sau nennt – die schlimmsten Worte, die er im Kindergarten gelernt hat! – wird die perfekte Mutter kollabieren und den Psychiater rufen, der ihr wahnsinniges Kind heilt. Die selbstbewusste Mutter wird dem Kind klarmachen, dass sie solche Ausdrücke nicht leiden kann und vergleichbare auch selbst nicht ihm gegenüber verwendet. Dann wird sie mit ihm einen Vertrag schließen, auf sie zu verzichten oder, wenn das nicht gelingt, eine Woche Entzug von Nachtisch oder Fernsehen zu ertragen.

Beziehungen scheitern nicht, wenn ein Partner sich in narzisstischer Wut und primitiver Entwertung gehen lässt, sondern erst, wenn es dem anderen Partner nicht gelingt, künftige Entgleisungen wirkungsvoll zu bekämpfen. Das heißt, dass ein gut genug liebender Partner in der Lage ist, einen perfektionistischen Partner zu dämpfen, es aber auch geschehen kann, dass er sich vom Perfektionismus anstecken lässt und nun zwei Rechthaber unversöhnlich zusammenprallen.

Die Qualität des *gut genug* hängt mit *Verlangsamungen* zusammen. Distanz zu den schnellen Affekten von Wut und Angst wird möglich, wenn die Spaltung überwunden ist, welche das primitive Selbstgefühl prägt: Es gibt in dessen

Welt nur Schwarz oder Weiß, nur das gute Kind oder das böse Kind, die Madonna oder die Hexe, den Engel oder den Teufel. Derlei krasse, von jeder Mehrdeutigkeit gereinigte Bilder werden durch die schnellen Emotionen geschaffen und schaffen umgekehrt diese Emotionen. Der als Teufel erlebte und ebenso behandelte Partner verwandelt sich in diesen und bestätigt so das gespaltene Bild.

Für in ihrem Selbstgefühl traumatisierte und daher besonders von schnellen Affekten geplagte Personen ist die Elternschaft Chance und Risiko zugleich. Die analytischen Erfahrungen widersprechen jeder voreiligen Sicherheit, dass anpassungsgestörte Personen mit einer Vorgeschichte von Arbeitslosigkeit, Anorexie, Sucht, Schul- und Studienabbrüchen als Eltern versagen *müssen*.

Die Interaktion mit dem Baby bietet Schwierigkeiten und Möglichkeiten. Es handelt sich um eine einzigartige Qualität, in der auch traumatisierte und unangepasste Personen erstaunliche Kräfte entwickeln und umgekehrt bisher gut angepasste Menschen scheitern können. Jede Mutter hat die Chance, eine Beziehung von Anfang an zu gestalten. Manche können diese Chance für eine Art Selbstheilung bisher bestehender Abbruchstendenzen und Bindungsängste nutzen, andere scheitern an ihr und werden zur Gefahr für das Kind und sich selbst.

Eine bisher sehr ängstliche und im Perfektionismus Sicherheit suchende Frau kann aus den Reaktionen ihres Kindes Selbstvertrauen aufbauen. Sie kann an ihrer wachsenden Fähigkeit reifen, mit diesen angemessen umzugehen. Das Kind ermöglicht das, weil es einerseits primitiv-narzisstisch reagiert, auf der anderen Seite aber für Zuwendung so dankbar ist, dass es einen bisher instabilen Glauben an die eigene Liebesfähigkeit zu festigen vermag.

Die narzisstisch belastete Mutter lernt von ihrem Baby, sich die eigene Störung nicht mehr so übel zu nehmen. Sie versteht, wie kleine Kinder sind und kann nun besser zwischen eigenen schnellen Affekten, eigener ängstlicher Verzweiflung und den Reaktionen eines *wirklich* ohne Versorgung hilflosen Wesens unterscheiden.

In dem oben beschriebenen Fall einer essgestörten Mutter gab es einige Faktoren, welche diese Entwicklung unterstützten. Die junge Frau war sehr intelligent und hatte es bisher vermieden, ihre Ängste und Kränkungen durch Medikamente oder Drogen zu betäuben. Sie verfügte über Ressourcen, welche es ihr ermöglichten, sich angesichts der Anforderungen an die eigene seelische Entwicklung durch Schwangerschaft und Geburt auch tatsächlich zu entwickeln. Dabei war sie auf sich gestellt und wurde nicht durch kräftezehrende Kämpfe mit einem Partner belastet.

Noch während der Schwangerschaft hatte sich das bisher extrem gespannte, bei kleinen Kränkungen von beiden Seiten her entgleisende Verhältnis zur Mutter entspannt, die später eine entlastende Oma wurde.

Die essgestörte Patientin hatte sich bisher mit der Mutter erbittert gestritten, weil (so die Tochter) die Mutter nicht die geringste Einsicht in das hatte, was sie falsch gemacht hatte, während (so die Mutter) die Tochter nicht bereit war, auch nur ein krummes Härchen an ihrem Bild der perfekten Mutter zu akzeptieren.

Seit Mutter und Enkelin der Oma ehrlich für ihre Hilfe danken konnten, gelang es auch der Oma, von den Sorgen und Einschränkungen zu erzählen, die sie selbst als Mutter erlebt hatte. Und je mehr die Tochter erlebte, wie Mutterschaft gelingen kann, obwohl nichts perfekt funktioniert, desto mehr war sie auch bereit, ihrer Mutter zu verzeihen, was gewesen war, und sich mit ihr auf die Gegenwart zu konzentrieren.

Gegenübertragungen

Therapeuten werden immer wieder mit dem Dilemma seelisch belasteter Frauen konfrontiert, die es sich nicht zutrauen, ein Kind auszutragen. Nach meinen Eindrücken aus Gesprächen mit Kollegen und der Supervision angehender Analytiker scheint mir kaum eine Situation so heftige Gefühlsreaktionen bei einem psychologischen Experten auszulösen. Dessen Auftrag ist definitiv nicht, für eine Klientin zu entscheiden, sondern diese auf dem Weg zu ihrer Entscheidung zu begleiten und zu unterstützen.

Ein Kollege, den seine analytische Ausbildung auch in anderen Situationen nicht daran hinderte, sehr direkt in das Leben seiner Analysandinnen einzugreifen, schlug sehr ernsthaft in der begrenzten Öffentlichkeit eines Ausbildungsinstituts vor, als Therapeut für eine während der Analyse auftretende Schwangerschaft anzubieten, die Alimente für ein Kind aus eigener Tasche zu bezahlen, wenn die Klientin anders nicht veranlasst werden könne, die Schwangerschaft zu erhalten. Dieses Beispiel signalisiert, wie heftig die Affekte sind, die im Kontext von Schwangerschaftsunterbrechungen auftreten. Sie spiegeln sich in den Debatten um die Fristenlösung, wo extreme Metaphern (Mord, Auschwitz) an der Tagesordnung sind. Sie zeigen, dass es angesichts dieser Frage fast unmöglich ist, sich in eine andere Position einzufühlen.

Ich halte nichts von den auch unter wissenschaftlich geschulten Psychotherapeuten manchmal aufzufindenden, esoterischen Anmutungen, dass Patienten spüren, was Therapeuten verschweigen. Das ist barer Unsinn. Was ein Mensch nicht verraten will, kann er dann für sich behalten, wenn er mit sich selbst darüber im Reinen ist und nicht klammheimlich möchte, dass sein Gegenüber errät, was er nicht offen zu äußern wagt.

Wenn ich die Schwangerschaft der essgestörten Patientin als Modell nehme, die bisher weder in Ausbildung oder Beruf, noch in ihren Liebesbeziehungen Stabilität und Kontinuität gewinnen konnte, kann ich mir sehr unterschiedliche Gegenübertragungsreaktionen vorstellen. Über meine eigene habe ich schon gesprochen: Ich machte mir Sorgen, aber ich dachte auch, das sei eine große Chance.

Eine Kollegin in der Intervisionsgruppe, in der ich seit über zwanzig Jahren meine Gegenübertragungen zu klären suche, hat meine Haltung als rücksichtslos gegenüber dem Kind erklärt. Wenn eine derart früh gestörte Frau eine Schwangerschaft austrage, noch ehe sie selbst hinreichend stabilisiert sei, wäre das für ein Kind eine immense Zumutung. Sie kenne sich da vielleicht besser aus als ich, denn ihre eigene Mutter sei auch alles andere als reif genug für eine Schwangerschaft gewesen; daher habe sie auch für ihr eigenes Leben die Überzeugung gewonnen, lieber keine Kinder zu haben. So offen wird in der Regel nur in einem vertrauten Rahmen gesprochen, wie ihn eine solche Intervisionsgruppe darstellt. Die Reaktion meiner Kollegin zeigt deutlich, wie eigene Erfahrungen mit dem Vorhandensein oder dem Mangel einer Mutter, die *gut genug* ist, Urteile auch bei den beruflich zur Reflexion verpflichteten Personen einfärben.

Wer die eigene Geschichte kennt, kann auch auf die in ihr liegenden Fehlerquellen achten. Angesichts der Auswirkungen einer unerwünschten Schwangerschaft ist Zuversicht nicht wertvoller als Respekt vor den Entscheidungen der Schwangeren.

Angst ist kein guter Ratgeber. Sie warnt übereifrig vor Veränderung schlechthin. Gefährlich ist es aber auch, ihre warnende Stimme zum Verstummen zu *zwingen*.

Wird die Angst bewusst verarbeitet, zeigt sich oft, dass Menschen gut bewältigen, was sie sich vorher niemals zugetraut hätten. Eine Symbiose hindert die Partner, sich zu entwickeln, autonomer zu werden, selbstbewusster. Es ist nicht schade um sie – solange ihr Verlust verkraftet werden kann und ein Paar den Zuwachs an Selbstbewusstsein verwerten kann, der im Untergang der Symbiose liegt.

Frauen berichten oft, wie viel sie durch die Erfahrung mit ihren Kindern gewonnen haben.

Früher habe ich immer geglaubt, ein Mann weiß einfach besser, wo's langgeht, die Kerle sind ja auch immer viel schneller bei der Hand, wenn es darum geht, ein Urteil zu fällen und sich irgendwo vorzudrängen. Seit ich die Kinder habe, sehe ich in meinen Kollegen oft auch die kleinen Jungen, die im Keller singen. Ich sehe, dass sie mehr Angst entwickeln als ich. Sie haben nie erlebt, wie es ist, wenig kontrollieren zu können, keinen Erfolg zu haben, keine Bestätigung zu kriegen.

Ich hab das durchgemacht. Ich saß zu Hause, hatte nur mein Baby und hab das hinter mich gebracht. Den neuen Job als Führungskraft habe ich gekriegt, weil der Personalvorstand sagte, ich sei selbstbewusst, ohne andere runtermachen zu müssen.

Solche Äußerungen spiegeln eine Situation, in der Frauen von ihrem Kind seelisch profitieren und gelassener werden, fähig, die symbiotischen Idealisierungen abzubauen. Männer werden realistischer gesehen, aber nach wie vor liebevoll angenommen.

SCHLUSS: DIE (FAMILIEN-)POLITISCHE DIMENSION

Man könnt' erzogene Kinder gebären,
wenn die Eltern erzogen wären.

Johann Wolfgang von Goethe[27]

Wenn wir akzeptieren, dass die meisten Ehen aus emotionalen Gründen geschieden werden, gewinnt die Betrachtung der Triangulierung eine immense familienpolitische Bedeutung.

Wo die Integration des Dritten misslang, sind die Kinder traumatisiert. Sie werden mit einer erheblich höheren Wahrscheinlichkeit in den eigenen Liebesbeziehungen erneut dem Symbiosekomplex zum Opfer zu fallen. Es ist somit einfach und schwierig zugleich, bessere Lebensbedingungen für Kinder zu schaffen und die Angst erwachsener Männer und Frauen vor dieser Aufgabe zu mildern.

> Wo die Integration des Kindes in die Beziehung misslingt, werden Kinder traumatisiert.

Aus gut versorgten, in den stabilen Verhältnissen einer gelungenen Triangulierung aufgewachsenen Kindern werden Mütter und Väter, die sich zuversichtlich diesem Teil ihrer Selbstverwirklichung zuwenden können. Und umgekehrt werden aus verletzten, durch ein Versagen der Eltern belasteten Familien Erwachsene hervorgehen, deren geschwächte Beziehungsfähigkeit und Kränkungstoleranz ihre eigene Partner- und Elternschaft erneut belastet.

Seit deutlich wird, wie viele Menschen in der Moderne unfähig geworden sind, sich selbst und andere anders als in einem grellen Schwarz-Weiß zu sehen, ahnen wir erst, wie schwierig es sein wird, an dieser Entwicklung etwas zu ändern.

Menschen, die sich von der modernen Gesellschaft benachteiligt und entwertet fühlen, reagieren in ihrer Aggression ähnlich zerstörerisch wie Partner in einem Scheidungskrieg. Es gibt Kränkungen, die wir ertragen können, und andere, die unsere Psyche überfordern. Dann setzen Verarbeitungsmöglichkeiten ein, die mit dem »Leben aus der Substanz« verglichen werden können, das eine Notsituation auf prekäre Weise stabilisiert.

Wenn wir hungern, baut der Organismus erst Fettreserven ab. Das schadet ihm kaum, kann sogar den Körper entlasten. Wenn diese Reserven aufgebraucht sind, beginnt der Organismus sich selbst zu verzehren. Jetzt wird ein Schaden am Ganzen in Kauf genommen, um die Überlebenszeit zu verlängern.

In unserem Selbstgefühl ist der explosive Narzissmus[28] mit jener Selbstschädigung des Ausgehungerten vergleichbar. Wenn ein Jugendlicher nicht mehr arbeitet, um die Raten für sein erstes Auto zu bezahlen, sondern »lieber« das Auto seines Nachbarn anzündet, hat ihn diese innere Katastrophe heimgesucht.

In der Fähigkeit des Menschen, Dinge zu ertragen, die er eigentlich nicht ertragen kann, wurzelt das Elend der Prophylaxe. Sie wirkt im wenig Sichtbaren; sie arbeitet unter der Wasserlinie des Eisbergs. Wenn wir für ausgebrannte und chronisch kranke Lehrer keine neuen einstellen, funktioniert die Schule eine Weile immer noch unauffällig. Wenn Projekte nicht mehr finanziert werden, in denen arbeitslose Jugendliche lernen, einen Arbeitstag durchzustehen, sieht man anfangs auch noch nicht viel Veränderungen. Die Opfer machen nicht am ersten Tag nach dem politischen Verrat an ihren Interessen Krawall, sondern erst Jahre später.

Alphateams, Sonderkommissionen, Hubschrauberhelfer, Lebensretter sind spektakulär. Sie verschaffen Politikern Publicity. Erzieherinnen und Kinderpflegerinnen in Krippen und Tagesstätten, Sozialpädagogen, Bürgerinitiativen, Streetworker, Kontaktbeamte, engagierte Lehrer bleiben unsichtbar. Ihre Arbeit ist nicht eindrucksvoll. Es braucht Geduld und viele Gespräche, den einen oder anderen Jugendlichen zurückzuholen, ehe er seine Kränkungswut in Molotowcocktails füllt. Das brennende Auto ist jedenfalls eher eine Nachricht als die Arbeit in der Familientherapie, im Jugendzentrum, im Klassenzimmer, in der Beratungsstelle für Migranten.

Seit Goethe in den Xenien lakonisch den Zusammenhang zwischen Eltern und Kindern vor jeder pädagogischen Anstrengung beschrieb, hat sich unser Wissen über diese Dynamik erweitert und vertieft. Es ist heute unabweisbar, dass seelisch stabile, in einer tragfähigen Bindung zu den eigenen Eltern aufgewachsene Kinder eine größere Chance haben, angesichts der Aufgaben der Erziehung eigener Kinder zu reifen und nicht zu versagen.

Was in diesem frühen Alter versäumt wurde, kann später durchaus wieder gutgemacht werden. Aber der Aufwand einer Therapie ist stets viel höher als der einer Vorbeugung.

Die Familienanalyse zeigt, dass auch traumatisierte Eltern unter günstigen Umständen an der ihnen gestellten Aufgabe wachsen. Aber ebenso deutlich ist auch, dass die Wahrscheinlichkeit des Scheiterns wächst, je ausgeprägter die Schäden an der Kränkungsverarbeitung sind. Kinder sind Übung, Training, Anreiz; die Fähigkeit, von ihnen zu profitieren, lässt sich durch Unterstützung fördern, aber nicht durch Geld kaufen oder durch moralischen Druck erzwingen. Nur wenn Eltern und Kinder einander nutzen können, um sich in gegenseitiger Auseinandersetzung zu entwickeln, hat die moderne Gesellschaft angesichts wachsender seelischer Beanspruchung eine Chance.

> Kinder sind Übung, Training, Anreiz.

Anmerkungen

1. Alle Namen und Fallerzählungen basieren zwar auf Beobachtungen, sind aber fiktiv.

2. »Ihr, die euren Wanst und unsre Bravheit liebt / Das eine wisset ein für allemal: / Wie ihr es immer dreht und wie ihr's immer schiebt / Erst kommt das Fressen, dann kommt die Moral. / Erst muss es möglich sein auch armen Leuten / Vom grossen Brotlaib sich ihr Teil zu schneiden.« (Bertold Brecht, Ballade über die Frage »Wovon lebt der Mensch«, Dreigroschenoper, Wien/Leipzig 1928)

3. Erik H. Erikson: Identität und Lebenszyklus. Drei Aufsätze, Stuttgart 1966.

4. Diese Versuche gelten heute als unethisch – sie sind in der Tat eine subtile Form von Folter, was ja schon Bacon in seinem Kommentar zur experimentellen Wissenschaft gesagt hat: sie spanne die Natur auf die Folter, um ihr ihre Geheimnisse zu entreißen.

5. Harlow, H. F.: The Nature of Love, American Psychologist 13, 1958, vgl. a. R. A. Hinde, Animal Behaviour, New York/London 1972 und E. Schmalohr, Frühe Mutterentbehrung bei Mensch und Tier, München 1971.

6. David Levy, Primary Affect Hunger, American Journal of Psychiatry 94, 1937, p.644.

7. SZ-Magazin vom 23.7.2010, S. 20.

8. SZ-Magazin vom 23.7.2010, S. 22.

9. Davé, S. et al. (2010): Incidence of Maternal and Paternal Depression in Primary Care: A Cohort Study Using a Primary Care Database. Archives of Pediatrics & Adolescent Medicine, Vorabveröffentlichung online am 6. September 2010.

10. Zit. n. Süddeutsche Zeitung vom 15.7.2010, S. 10.

11. La Garance in dem Film »Die Kinder des Olymp«.

12. Georg Simmel: Die Philosophie des Geldes, Berlin 1900. (DigBib. Org Onlinetext); Georg Simmel: Der Konflikt der modernen Kultur, München/Leipzig 1918.

13. Ulrich Beck: Reflexive Modernisierung – Eine Debatte, Frankfurt am Main 1996. (Gemeinsam mit Anthony Giddens und Scott Lash)

14. Ulrich Beck: Risikogesellschaft. Auf dem Weg in eine andere Moderne, Frankfurt am Main 1986. Ulrich Beck (Hg.): Riskante Freiheiten – Gesellschaftliche Individualisierungsprozesse in der Moderne, Frankfurt am Main 1994. (Gemeinsam mit Elisabeth Beck-Gernsheim)

15. Norbert Elias: Die Gesellschaft der Individuen. Frankfurt am Main 2001.

16. Norbert Elias: Die Gesellschaft der Individuen. Frankfurt am Main 2001.

17. Vgl. W. Schmidbauer: Alles oder nichts. Über die Destruktivität von Idealen, Reinbek 1980.

18. Auch in den Beobachtungen von Rene A. Spitz, der die anaklitischen Depressionen von Säuglingen in einem Heim für ledige Mütter beschrieben hat, waren die betreffenden Mütter den Belastungen einer enttäuschenden Liebe ausgesetzt.

19. Vgl. das sozialpsychologische Modell der Folgen dieser Veränderungen in W. Schmidbauer:»Die Angst vor Nähe«, Reinbek 1986.

20. Vgl. W. Schmidbauer: Das Helfersyndrom, Reinbek 2007; Ders.: Hilflose Helfer. Über die seelische Problematik der sozialen Berufe, Reinbek 1977 ff.

21. Alice Miller: Das Drama des begabten Kindes, Frankfurt (Suhrkamp) 1977.

22. Ich bin Din, Du bist min! / Deß sollst Du gewiß sin./ Du bist beslozzen (eingeschlossen) / In minem Herzen; Verloren ist das Slüzzelin (Schlüsselein), / Drum musst Du immer darinne sin. (Walter von der Vogelweide)

23. Kinder aus solchen Ehen entwickeln oft die Phantasie, ihre Eltern hätten exakt so oft miteinander geschlafen, wie es zur Zeugung der Kinder notwendig war.

24. Es ist eine der Logik spottende, aber in Paarkonflikten nicht seltene Ausdrucksweise, einen Partner »unmöglich« zu finden. Sie besagt, dass die Betroffenen ihre Handlungsmöglichkeiten in der Beziehung vollständig blockieren und den Partner als Ursache dieser Blockade identifizieren.

25. S. Freud: Einige Charaktertypen aus der psychoanalytischen Arbeit, II, Die am Erfolge scheitern, in: Ges.W. X, S. 370 f.
26. B. F. Skinner: *Was ist Behaviorismus?* (dt. Fassung von: »About Behaviorism«), Reinbek (Rowohlt) 1982.
27. Johann Wolfgang von Goethe (1749-1832), Zahme Xenien IV.
28. Dieser Begriff wird entwickelt in W. Schmidbauer: Die menschliche Bombe. Eine Psychologie des neuen Terrorismus, Reinbek (Rowohlt) 2003.